KB217030

결혼상담

스터디북

심리학하는 교회언니 헵시바의 결혼상담 스터디북

초판 1쇄 발행 2025년 4월 18일

지은이   헵시바
펴낸이   조은이

편집   조은이
일러스트   이정연   ariam0908@gmail.com
내지 디자인 은빛공장   https://silverfactory.imweb.me

펴낸곳   (주) 햇귀
출판등록 2024년 8월 2일 제 2024-000010호
주소 경기도 남양주시 별내중앙로 30, 204호
전자우편 dunamis5757@naver.com **팩스** 0508-937-1344

copyright ⓒ HG Corp, 2025, Printed in Korea

ISBN 979-11-991801-8-5 (03230)

오탈자 및 수정 의견 보내 주시면 반영하겠습니다.
잘못 만들어진 책은 구입한 곳에서 교환해드립니다.

결혼상담

스터디북

차 례

인사말   6

본문 읽기 과제   7

학습방법   8

활용 팁   9

기초 다지기

◇ CHAPTER. 1 ◇

|1주| 공사장에 오신 것을 환영합니다 (1)   10

|2주| 공사장에 오신 것을 환영합니다 (2)   18

|3주| 공사장에 오신 것을 환영합니다 (3)   28

◇ CHAPTER. 2 ◇

|4주| 개구리의 독립   40

본 공사

◇ CHAPTER. 3 ◇

| 5주 | 하트로 연합되다 (1)   58

| 6주 | 하트로 연합되다 (2)   70

| 7주 | 하트로 연합되다 (3)   78

◇ CHAPTER. 4 ◇

| 8주 | 남편은 지붕 아내는 기둥 (1)   88

| 9주 | 남편은 지붕 아내는 기둥 (2)   98

마무리 공사

◇ CHAPTER. 5 ◇

| 10주 | 불태워 헌신   114

◇ CHAPTER. 6 ◇

| 11주 | 분노 굴뚝 (1)   128

| 12주 | 분노 굴뚝 (2)   138

부록   152

인사말

안녕하세요 헵시바입니다. :)

다들 아시다시피, 결혼은 '실전'입니다. 저는 신혼 때부터 우리 부부가 얼마나 죄인인지를 처절하게 깨닫고 낙심하는 과정을 지나왔습니다. 하나님께서는 결혼이 곧 '성화'의 과정임을 알게 하셨고, 어떤 부부에게도 결코 쉬운 여정이 아님을 깨닫게 하셨습니다. 하지만 하나님께서 말씀해 주신 방향성이 있기에, 넘어지더라도 목표를 향해 걸음을 멈추지 않기를 요청하셨습니다. 결혼 생활의 기준은 이미 성경 안에 선명하게 계시되어 있으며, 결국 중요한 것은 내가 순종할 것인지 아닌지의 문제라는 점이 오히려 위로가 되었습니다. 물론, 순종이라는 도구를 사용해 내 입맛에 맞는 행복을 앞당기려 했던 시도는 오히려 독이 되었음을 겸허히 받아들이는 시간도 있었습니다. 이 책이 완성될 즈음, 우리 가정의 공사가 어느 정도 이루어졌음을 보게 되었습니다. 이는 전적인 하나님의 은혜입니다.

칭의는 우리를 죄책 – 하나님의 심판을 면할 길이 없고 심한 두려움에 예속시키는 – 으로부터 자유롭게 한다. 성화는 우리를 부패의 굴레 – 온전히 주를 섬기지 못하게 하고, 철저히 노예 상태로 가둬 놓는 – 로부터 자유롭게 한다. ___메튜 헨리 주석 중에서

우리를 종 노릇에서 해방시키기 위해, 결혼을 허락하신 하나님께 감사드립니다. 진리는 우리를 자유롭게 합니다. 이 작은 책을 통해, 진리 가운데 참된 가정을 세우실 예수 그리스도만을 의지하며 나아가시기를 기도합니다.

{ 학습 방법 }

1. 읽는 순서 본문 책보다 스터디북을 먼저 읽기를 추천합니다. 다음 페이지를 참조하셔서, 각 주차에 맞는 본문 '읽기 과제' 분량을 읽어 주세요.

2. 읽는 속도 스터디북은 총 12주 차 과정으로 구성되어 있습니다. 빠르게 진행하면 금방 완독할 수 있지만, 천천히 읽어 주세요. 쉽게 읽히는 책이 아니라, 변화로 이끄는 책이 되기를 기도합니다. 성령님의 인도하심에 멈추어 서서 영적으로 충분히 씨름하면 좋겠습니다. 깊이 묵상하며 충분히 소화한 후, 다음 단계로 나아가시기를 권해 드립니다. 성령님이 때에 맞는 말씀을 충분하게 주실 수 있도록 말입니다.

3. 3단계 구성
   |기초 공사| 1-4주
   |본 공사| 5-9주
   |마무리 공사| 10-12주

공든 탑도 무너집니다. 기초를 제대로 쌓지 않을 때 그렇습니다. 이 책도 1-4주 과정이 가장 중요합니다. 기초를 잘 다지고 나면, 본론인 5-9주 내용을 구체적으로 적용할 수 있습니다. 그리고 마지막 10-12주는 가정 사역의 최종 완성 관문으로 보시면 됩니다.

각 주차는 다음과 같은 내용으로 구성됩니다.
📁 **들어가며** 책 본문의 일러스트를 활용한 아이스 브레이킹 질문
🤙 **나눔** 결혼 생활에 대한 태도와 관점을 점검하는 질문
📖 **성경 스터디** 성경 묵상을 돕는 질문
💡 **핵심 정리** 해당 주차의 핵심 내용과 주요 성경 구절
✏️ **과제** 읽을 본문 범위와 깊이 생각할 질문

📋 { 본문 읽기 과제 } -

1주차	Chapter. 1 1-3장	☐
2주차	Chapter. 1 4-5장	☐
3주차	Chapter. 2 1-5장	☐
4주차	Chapter. 3 1-2장	☐
5주차	Chapter. 3 4-5장	☐
6주차	복습	☐
7주차	Chapter. 4 1-2장	☐
8주차	Chapter. 4 3-5장	☐
9주차	Chapter. 5 1-2장	☐
10주차	Chapter. 5 3-5장	☐
11주차	Chapter. 6 1-2장	☐
12주차	Chapter. 6 3-5장	☐

☕ { 활용 팁 }

① 30 40 세대를 위한 소그룹 교재 활용
교회 내 젊은 부부들의 소그룹이 부재한 편이라고 생각합니다. 젊은 부부들
에게 유익한 교재로 활용되기를 기도합니다.

② 헵시바 저자와 함께 소통할 수 있는 창구
유튜브 채널[헵시바_hepbsibah] 과 **네이버 카페[헵시바 맘카페]**에 함께
하시면, 저자와 만날 수 있습니다. 메일로(mommyyounga@gmail.com)
으로 온라인 **부부 상담**도 신청 가능합니다.

③ 네이버 카페 '헵시바 맘카페'에 가입하여 과제 공유
'과제 게시판'에 과제를 올리시면, 저자로부터 댓글 피드백을 받을 수 있고,
다른 분들의 나눔을 통해 공감과 통찰을 얻으실 수 있습니다.

CHAPTER.1

□ ─────── □

1주

×

공사장에
오신 것을
환영합니다 (1)

| 📁 들어가며 |

Q '공사장'을 떠올리면, 어떤 단어들이 연상이 되나요?
연상된 단어들을 나의 결혼 생활과 연결 지어 보세요. 비슷한 점이 있나요?

💝 나눔

① 공사장은 미완성을 말하지만, 완성을 향해 나아갑니다. 우리 가정은 '어떤 부분'이 아직 미완성인지 진솔하게 나누어 주세요.

② 당신은 '왜' 지금의 배우자와 결혼을 결정했나요? 그 솔직한 이유가 궁금합니다.

Tip 이 질문은 뒤로 넘어가기 전에 꼭 대답해 주셔야 해요! 곰곰이 생각하셔서 '진짜' 이유를 나누어 주셔야 합니다!

③ 그렇다면, 배우자를 선택했던 그 '이유'가 지금도 유효한가요?

📑Tip 만약 남편의 자상한 점이 좋아서 결혼했는데, 결혼해 보니 생각보다 냉정한 부분도 많았다면요? 만약 아내가 나를 잘 도와줄 것 같아서 결혼했는데, 내가 더 도와주는 것 같다면요? 이처럼 결혼 선택의 이유가 변하거나 흔들린다면 어떻게 할 것인지 대비가 되어 있었나요?

④ 배우자를 선택한 이유에 대한 답을 다시 한번 생각해 봅시다. 내가 배우자를 선택한 그 이유는 '계약 사상'에 바탕을 둔 것은 아니었나요? 아래 팁을 참고해 주세요.

📑Tip 세상의 수많은 결혼은 '계약 사상'을 바탕으로 시작된다고 합니다. 그러나 결혼이 단순히 법적 사회적 계약이라는 관점은 비성경적이죠. 계약이라는 단어에는 필요와 편의에 따라 바뀔 수 있는 일시적인 관계라는 전제가 있습니다. 성경적 결혼은 하나님이 설계하신 가장 기본적인 관계이자, 신성한 '언약'임을 강조합니다. (창 2:24) 이 결혼의 처음과 끝이 모두 하나님으로부터 말미암아야 하는 것입니다. 배우자를 선택한 이유를 다시 깊게 생각해 봅시다. 계약 사상과 관련이 있나요?

⑤ 결혼 생활에 대해 다음 넷 중에 어느 쪽에 가장 가까운 태도를 보이고 있나요?

📑Tip 혹시 신혼 초기와 지금 관점이 다르다면 그 변화의 과정을 나누어 주셔도 좋아요.
① 별 수 있나. 난 애초부터 큰 기대 없었다.
② 최대한 인내하고 참아 주자. 적당히 눈감아주면서 좋은 것 위주로 생각하자. 나도 완벽한 사람은 아니니까.
③ 배우자에게 확실히 문제가 있다. 배우자만 변하면 다 괜찮아질 테니, 배우자의 변화를 위해 수단과 방법을 가리지 않을 작정이다.
④ 결혼 결정에서부터 실수한 게 틀림없다. 안목이 심히 부족한 내 탓이지 어쩌겠는가

🤲 나눔

6 그렇다면 당신이 선택한 태도는 당신의 결혼생활을 건강하게 유지하는 데 도움이 되고 있나요? 그렇지 않다면 그 이유는 무엇인가요?

7 5번 질문의 각 문항은 전부 건강하지 않은 관점입니다. 그 이유는 무엇일까요?

📖Tip 특히, 2번은 꽤 '괜찮은' 이유처럼 보일 수 있어요. 그러나 분명히 문제가 될 수 있습니다.

8 그렇다면, 결혼에 대해 어떤 태도를 취하는 것이 가장 성경적일까요?

📖Tip 혹시 너무 염려하지 말아요. 앞으로 이 책을 통해 힌트를 얻게 될 것이니까요!

📖 성경 스터디

1 야고보서 1장 3절을 찾아 적어 주세요. 이 말씀에서 말하는 '믿음의 시련'을 겪었던 경험이 있다면 나누어 주세요..

2 시편 119편 71편을 찾아 적어 주세요. 이 말씀 구절이 나의 삶에서 구체적으로 와닿았던 간증이 있다면 나누어 주세요.

💡 핵심정리

책 본문은 결혼 생활이 단번에 이루어지는 것이 아니라, 중간 과도기 단계가 있음을 말하고 있습니다. 중간 단계인 '공사장' 과정을 성실하게 통과한다면, 성숙한 결혼 생활이 완성됩니다. 결혼 생활의 진짜 소망은 어려움 속에서 인내가 길러지며, 정금 같은 인격으로 단련 되어 가는 '과정' 속에 숨어 있습니다.

그의 안에서 건물마다 서로 연결하여 주 안에서 성전이 되어 가고 너희도 성령 안에서 하나님이 거하실 처소가 되기 위하여 그리스도 예수 안에서 함께 지어져 가느니라 (엡2:21-22)

✎ 과제

1 결혼 상담 책의 Chapter 1. 1-3장을 읽고, 와닿은 문장과 그 이유를 적어 주세요.

....

....

....

....

....

2 공사장 과정을 지나면서, 어떤 점들이 힘들고 버거운 적어 주세요.

....

....

....

....

....

....

✏️ 과제

③ 내가 만약 하나님이라면, 연단의 시기를 지나고 있는 나에게 어떤 이야기를 해주고 싶나요? 하나님의 마음을 상상하며 나에게 사랑이 담긴 편지글을 적어 주세요. '연단'과 관련된 성경 구절을 참조해 보세요.

2주

×

공사장에
오신 것을
환영합니다 (2)

| 📂 들어가며 |

ⓠ 결혼 생활에서 공사 작업을 하면서 배우자와 가장 부딪히는 부분은
어떤 점인가요?

1 당신은 결혼 생활에서 어떤 관점을 취하고 있나요?

(1) 우리 가정은 큰 문제 없다. 너무 좋은 배우자를 만났으니, 앞으로도 별일 없이 무탈할 것이라 장담한다

(2) 이미 사탄이 여러 번 입김을 불어 댄 것 같다. 솔직히 이혼할 생각도 한 적이 있다.

(3) 심리학, 의학의 도움을 받기 위해 노력하고 있다. 전문가를 만나 학문적으로 분석하고 상담을 받으면 방법이 생길 거라 믿는다.

(4) 내가 뭔가 문제가 있는 것 같다. 모든 것이 내가 짊어져야 할 몫이라고 생각한다. 스스로 해결하기 위해 고군분투하고 있다.

2 선택한 관점은 어떤 한계를 지니고 있는지 적어 주세요.

❸ 당신의 원가족은 다음 중 어떤 조직에 가장 가까운가요?

- (1) 이윤을 창출하기 위한 사업체
- (2) 특정인의 지배와 통솔권이 우선시되는 독재 정권
- (3) 좋은 대학과 직장을 들어가기 위한 입시 학원
- (4) 취미 생활을 공유하는 동호회
- (5) 숙식만 제공하는 기숙사
- (6) 보호와 양육이 없이 버려진 황무지
- (7) 몸과 마음이 아픈 사람이 모여 있는 병원
- (8) 하나님의 말씀을 배우고 기도하고 순종하는 교회
- (9) 중독자들이 모여 있는 술집이나 카지노
- (10) 의무 사항과 권한이 명확한 계약 조직

❹ 위 조직은 8번을 제외하고 성경적인 조직과 거리가 멉니다. 어떠한 부분에서 한계점이 있는지 적어 주세요.

⑤ 인간적인 조직이 아니라, 가정이 '교회'가 되려면, 어떻게 해야 할까요? 교회가 다른 조직과 다른 특징들은 무엇인가요? 그 특징을 어떻게 가정에 적용할 수 있을까요?

⑥ 아무리 부부 관계가 좋더라도 배우자는 상대방의 욕구를 30%밖에 충족시켜 주지 못한다고 합니다. 나의 욕구를 채워줄 수 있는 분은 하나님이시지 배우자가 아닙니다. 당신은 하나님과 배우자에게 각각 얼마나 의존하고 있는지 솔직하게 나누어 주세요. 둘 다 아니라면, 누구를 가장 의존하고 있나요? 다른 것을 의존하고 있을 때 나타나는 신호를 감지하는 나만의 비결이 있다면 나누어 주세요.

📝Tip 의존과 의지는 다릅니다. 배우자에게 '의지'할 수는 있더라도 100퍼센트 당신의 전부를 '의존'하거나 '의탁'해서는 위험합니다. 또한 하나님보다 배우자를 더 의지하고 있었다면 100퍼센트 격렬한 부부싸움을 피할 수 없었을 것입니다.

📖 성경 스터디

1 **마태복음 7장 24-25절**은 반석 위에 지은 집과 모래 위에 지은 집이 대조됩니다. 비유가 뜻하는 바와 그 결과는 어떠한지 나누어 주세요.

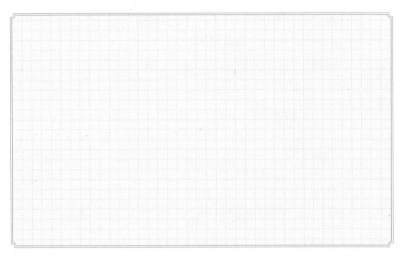

2 내 결혼 생활은 어느 쪽에 가까운가요? 반석 위에 집을 짓고 있나요? 아니면 모래 위에 집을 짓고 있나요? 단순히 크리스천 가정이냐 아니냐의 문제가 아닙니다. 가정의 주인이 하나님 되셔서, 하나님께 뜻을 묻고 순종하는 가정인지를 나누어 주세요.

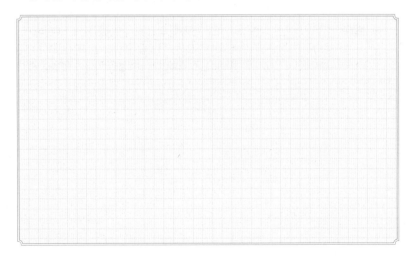

3 순종의 구체적인 사례를 나누어 주세요.

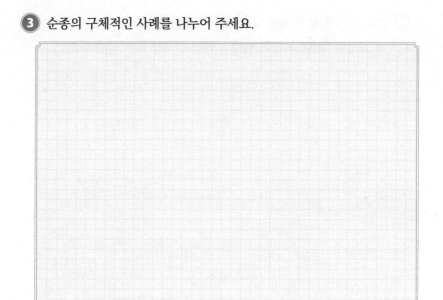

4 원가족을 떠올려 보세요. 원가족은 반석 위에 지은 집이었나요? 아니면 모래 위에 지은 집이었나요? 그 열매는 어떠했나요?

📖 성경 스터디

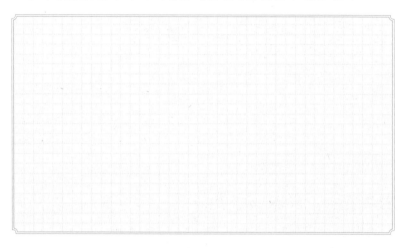
5 우리 가정을 반석 위에 짓기 위해, 순종의 결단을 할 수 있을까요? 말씀에 의하면, 30년 후 우리 가정은 어떤 열매를 맺을 수 있을까요?

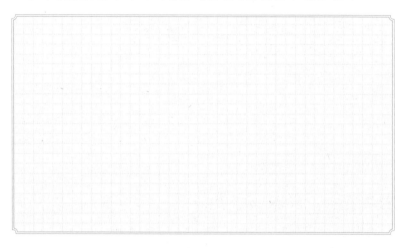

6 원가족의 '죄'가 대물림 되지 않게 하기 위해서, 우리가 할 일은 하나님께 '순종'하며 집을 지어 나가는 것입니다. 지금 우리 부부만의 가정을 세우기 위해, 하나님 말씀을 잘 경청하고 있나요? 추상적인 개념이 아니라, 구체적인 사례가 있어야 합니다. (예. 교회 결정, 이사 계획을 하나님께 묻고 실천했다.)

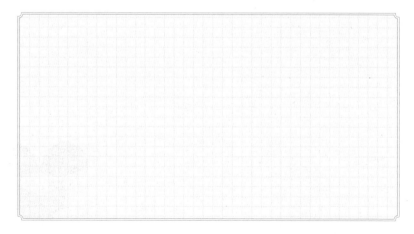

7 만약 하나님 말씀을 결혼 생활에 적용하지 않는다면 어떤 결과가 일어날까요? 내가 순종해야 할 지점은 무엇인지 나누어 주세요.

💡 핵심정리

인격적으로 성숙하는 길에는 지름길이 없습니다. 혼자 하는 거룩한 기도와 성경 공부로 해결되지 않습니다. 교회 봉사를 아무리 열심히 한다고 하더라도, 배우자와 자녀들을 건강하게 사랑하는 일을 대체할 수는 없습니다. 신앙 생활의 최종 목표는 '대인관계'입니다. 다른 사람을 나를 사랑하는 것처럼 사랑하라는 명령은 모든 율법을 포괄합니다. 이 일을 위해, 우리에게 '결혼 생활'을 허락해 주셨습니다. 가장 가까운 배우자를 사랑하는 일은 예수님이 가장 기뻐하시는 일입니다. 이는 다른 신앙적인 노력보다 우선시되어야 하는 가장 '영적인' 일입니다.

> 사랑은 이웃에게 악을 행하지 아니하나니 그러므로 사랑은 율법의 완성이니라 (롬13:10)

1 결혼 상담 Chapter 1. 4-5장을 읽고, 와닿은 문장과 그 이유를 적어 주세요.

....

....

....

....

....

....

2 배우자와 연합하는 일보다 내가 더 중요하게 여기는 다른 일은 무엇인 가요? 때로는 '신앙'이라는 이름으로도 도피할 수 있음을 기억해 주세요. 하나님이 결혼 생활을 통해 어떤 지점을 순종하기를 원하시는지 묵상해 보고 나누어 주세요.

....

....

....

....

....

✎ 과제

③ 당신에 대한 배우자의 불만이 하나님의 불만을 표현하는 '확성기'라고 생각해 본 적 있나요? 요즘 나에 대한 배우자의 불만은 어떤 점인가요? 하나님이 배우자의 마음과 입술을 통해 당신의 근본적인 변화를 촉구하고 있는 것이라고 느끼는 지점을 발견해 보고 나누어 주세요.

3주

×

공사장에
오신 것을
환영합니다 (3)

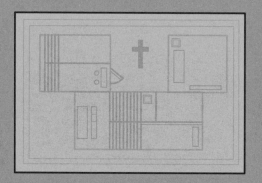

| 📂 들어가며 |

Q 당신의 결혼 생활의 목표는 무엇인가요?
그 목표를 달성하기 위한 '설계도'가 있나요?

🤝 나눔

① 하나님이 '왕'이심을 알고도, 순종하지 않고 싶은 본능에 대해서 내 경험을 토대로 나누어 주세요.

② 가정 사역은 우리가 하나님께 순종함으로써만 가능합니다. 아직도 순종이라는 단어에 거부감이 있다면 분명히 하나님에 관한 왜곡된 인식이나 오해가 있을 거예요. 권위에 관한 상처나 원가족에게 배운 잘못된 비진리에 의해 영향받는 것일 수도 있습니다. 어떤 점이 힘든지 나누어 주세요.

③ 본문에서 나오는 '유교식 순종'과 '불교식 순종'의 모습을 보고 나와 닮은 점이 있다면 나누어 주세요.

📖 성경 스터디

1 삼상 15:22절을 적고, 순종과 동의어로 나오는 두 단어를 찾아주세요.

2 삼상 15:22절을 적고, 순종과 대조적으로 위치하는 두 단어를 찾아주세요.

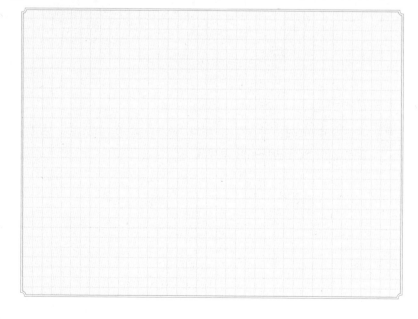

③ 숫양의 기름은 구약 시대 제물 중 가장 중요한 것이었습니다. 그렇다고 하더라도, 순종 없이 제물만 따로 떼어서 드리는 행위는 기뻐하시지 않습니다. 제사 행위는 제사를 드리는 시간에 회개하는 인격으로 전환되어야 함을 요구합니다. 본질적인 태도의 변화를 원하신다는 뜻입니다. 내가 순종 대신 드렸던 형식적인 제사와 숫양의 기름은 어떤 것들인지 나누어 주세요. (예. 남편에게 억지로 순종하려고 노력했었어요. '옛다, 여기 있다!' 하면서요. 가정 기도회를 하기로 했는데 분주함과 의무감으로 하게 된 적이 있었어요)

④ 유독 '자기 자신'에게 함몰된 채 살아가는 시대를 살고 있습니다. 점점 자기 자신밖에 모르는 사람들이 늘어납니다. 심리적인 문제가 많은 이유도, '자아'라는 감옥에 갇혀 있기 때문입니다. 하나님은 자기 자신에게서 벗어나는 선택인 순종을 가르치십니다. 순종은 하나님의 말씀을 '듣는 것입니다. 순종을 통해 심리적인 문제로부터 자유로워진 경험을 나누어 주세요.

성경 스터디

6 순종의 동의어인 '듣다'의 반의어는 무엇일까요? 자녀가 부모의 말에 귀를 기울이지 않을 때 보이는 반응을 상상해 보면 유추할 수 있습니다.

7 삼상 15:23절을 적고, 나오는 순종의 반대되는 두 단어는 무엇인가요?

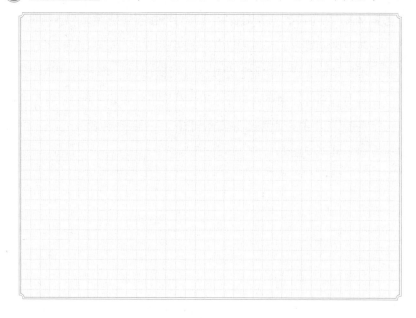

8 성경은 왜 이렇게 순종을 강조하는 걸까요? 삼상 15:23절 하반절을 찾아 적어 주세요.

9 "버리다"는 표현은 아주 강도가 강한 말씀입니다. 당신에게 이 단어가 어떻게 다가오나요?

📖 성경 스터디

⑩ 출 20:5-6절을 찾아 적어 주세요.

⑪ 이사야 1장 19-20절을 찾아 적어 주세요.

⑫ 억지로 순종하는 게 아니라, 우러나와서 기쁨으로 순종했을 때 하나님
이 주시는 선물을 적어 보세요.

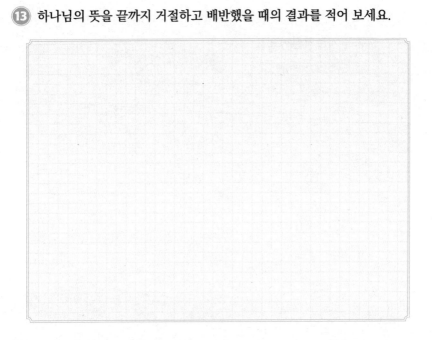

⑬ 하나님의 뜻을 끝까지 거절하고 배반했을 때의 결과를 적어 보세요.

📖 성경 스터디

⑭ 우리에게 위로가 되는 사실이 있어요. 예수님 또한 순종을 단숨에 터득하지 않으셨다고 합니다. 예수님은 어떻게 순종을 배우셨는지 히브리서 5장 8절을 찾아 적어 보세요.

⑮ 위 말씀에 의하면 우리가 계속 하나님을 거역한다면, 하나님이 어떻게 순종을 가르치실까요?

핵심정리

신앙 생활의 최종 종착역은 '순종'입니다. 결혼 생활의 최종 목표도 '순종'입니다. 그리스도를 경외함으로 서로에게도 복종해 가는 훈련입니다. 이 과정은 하나님이 그리신 '설계도'와 딱 들어맞는 집을 건축하는 데 필수적인 절차입니다. 순종을 배울 때까지 하나님이 우리에게 크고 작은 어려움을 주실 것입니다. 이는 우리를 괴롭히기 위함이 아닙니다. 온전한 가정을 건축할 방법을 모르는 우리 부부를 위한 가장 큰 도움입니다.

사무엘이 가로되 여호와께서 번제와 다른 제사를 그 목소리 순종하는 것을 좋아하심 같이 좋아하시겠나이까 순종이 제사보다 낫고 듣는것이 수양의 기름보다 나으니 라 (삼상15:22)

✎ 과 제

① Chapter 2. 1-5장을 읽고, 와닿은 문장과 그 이유를 적어 주세요.

---

② 순종한 자에게 주시는 축복에 대한 성경 구절을 찾아 보세요. 나는 어떤 축복을 받고 싶은지 적으며 기도해 보세요.

✎ 과제

③ 당신은 하나님께 순종하지 않음으로 인하여 하나님을 '버린'적이 있었나요? 기억나게 해달라고 구하며 회개 기도문을 작성해 보세요.

4주

×

개구리의
독립

| 들어가며 |

Q 우리 부부는 각자 원가족에 대해서 얼마나 영향을 받고 있나요?
왜 그렇게 생각하나요?

① 책 본문의 사례 문제는 전부 X가 답입니다. 정답이 헷갈린 문제를 찾아 나누어 주세요. 본문의 사례 중에서 우리 가정과 비슷한 부분이 있다면 나누어 주세요.

② 현재 가정에서의 남편(아내) 정체성은 성장의 자연적인 걸음입니다. 이는 육신의 부모님의 자녀 정체성과 결코 대치되는 개념이 아닙니다. '성장'했기 때문에, 지금의 가정에 집중할 수 있습니다. 나는 지금 어느 정체성에 더 무게를 두고 살아가고 있나요?

🤲 나눔

❸ 본문을 읽고, 독립되지 못한 지점을 발견했다면 그 구체적인 지점을 나누어 주세요.

❹ 원가족에서의 독립이 어려운 이유는, 무의식적으로 부모님의 그림자가 계속 따라다니기 때문입니다. 특히 역기능적 가족에서 자랐을 경우에는 독립이 훨씬 더 어렵습니다. 그동안 원가족에서 받지 못한 사랑의 결핍을 지속적으로 보상받고 싶은 심리가 있기 때문입니다. 그래서 부모를 원망하면서라도 원가족과 떨어지기를 극도로 거부하는 것입니다. 이는 본능적인 집착입니다. 결국 결핍되었던 애착이 보상되어야만 어른으로 성장하고 비로소 남편과 아내로서 준비될 수 있습니다. 예를 들어, 아기가 부모님과 건강하게 애착이 되면, 유치원이나 학교 적응에 어려움이 없는 것과 같은 원리입니다. 심리적으로 건강한 성인이 되었다면, 원가족을 자연스럽게 떠날 수 있습니다. 원가족을 잘 떠나지 못하는 이유가 '애착 보상 심리' 때문이라는 점이 어떻게 다가오나요? 나에게 어떤 '애착 보상 심리'가 있는지 나누어 주세요. (예. 원가족에 대한 '한'의 정서가 강하면 강할수록, 애착 보상 심리가 있다고 생각하면 됩니다.)

5 원가족에서 나의 역할은 무엇이었나요? 나는 주로 어떤 역할을 맡았
나요? 그 역할을 지금의 배우자나 다른 인간관계에서 반복하고 있
는 것은 아닌지 나누어 주세요. 이 또한 독립이 필요한 영역입니다.
(예. 나는 원가족에서 늘 든든한 맏딸이었다. 내 것을 희생해서 동생을 챙겼다. 사
춘기도 무탈하게 넘어갔다. 결혼 이후에도 남편에게 일을 맡기는 것은 불안하다.
내가 다 책임지는 행동이 버거우면서도 반복하고 있다.)

6 원가족에게서 독립하지 못한 지점이 또 있나요? 정서적인 부분인가요,
경제적인 부분인가요? 아니면, 일상생활의 영역에서도 독립되지 못한
지점이 있나요? 이 부분도 '애착 보상 심리' 때문이라는 점이 동의가
되나요? (예. 손주 양육을 부모님께 맡기면서, 어렸을 때 못 받은 사랑을 내
자식한테 주기를 무의식적으로 바라고 있었다.)

🤝 나눔

❼ 부부 싸움의 원인이 원가족과의 독립이 이루어지지 않아서였던 것은 아닌가요? 상대방에게 원가족에서 받지 못한 사랑까지 덤터기로 요구하며 목을 조르고 있던 적은 없었는지 나누어 주세요.

❽ 또한 배우자를 내 동성의 부모와 은연중에 비교하고 있었던 점이 있었나요? 이 또한 분리해서 생각해야 합니다. '이성관'에 대해서는 지금의 배우자에게 새로 배워야 합니다. 그런데도 원가족의 기준을 상대방에게 요구하거나 비교했다면, 그 지점을 나누어 주세요. (예. 남자는 당연히 여자보다 건강하고 운동을 좋아해야 하는 줄 알았어요. 우리 아빠가 그랬는데 우리 남편은 안 그래서 이상해요. 그리고 우리 아빠는 말수가 많으셨거든요. 남자는 다 말이 많은 줄 알았는데, 우리 남편은 말수가 너무 없어서 이상해요.)

행세바의 결혼상담 스터디북

🤲 나눔

⑧ 내가 상대방에 원하는 '역할 기대'도 원가족에서 보고 자란 부분은 아닌가요? 당연히 으레 남편(아내)는 이러 이러한 역할을 맡아야 한다는 고정관념이 어디서 온 것인지 평가해 보세요. (예. 아내는 남편이 오기 전에 집안을 깨끗하게 치워 놓아야 합니다. 남편은 아내가 시키는 대로, 군말 없이 들어줘야 합니다.)

⑨ 원가족의 방식을 내 삶에서 계속 반복하는 부분이 있나요? 팁을 참고해서, 원가족의 방식과 현재 내가 선택한 방식을 비교해 보세요. 이는 진리인가요 비진리인가요? 비진리에 가깝다면 대안적인 건강한 방식을 선택하는 게 진정한 독립입니다. 🔖Tip 의사소통 방식, 분노 처리 방식, 배우자와의 친밀감의 정도, 배우자를 대하는 태도, 가치관, 삶의 우선순위, 자녀에 대한 태도, 일에 대한 태도, 교회를 섬기는 방식, 집안일 처리 방식, 헌금관, 소비 습관, 갈등을 다루는 방식, 부부 역할에 대한 기대, 식사 습관, 수면 습관, 연락 습관, 가족 간 대화량, 자주 사용하는 말버릇 등

⑩ 독립의 목표는 육신으로부터 건강하게 독립하여 하나님 아버지의 자녀로 발돋움하는 것입니다. 우선순위를 정리하면 다음과 같습니다.

①	**②**	**③**
하나님 아버지의 자녀로서의 정체성	배우자로서의 정체성	육신의 부모의 자녀로서의 정체성

나는 현재 우선순위가 위와 같이 정렬되어 있나요? 예를 들어, 원가족이나 배우자에게 서운한 점들이 많다고 낙심하고 있나요? 아니면 하나님 아버지의 자녀로서 정체성이 견고하기에 다른 관계에서 유연하고 여유로운 선택을 할 수 있나요? 아직 우선순위가 정렬되지 못한 지점이 있다면, 기도제목으로 삼으면 됩니다. 하나님과 더욱 가까워질 수 있도록 기도문을 적어 주세요.

⑪ 하나님 아버지로부터 사랑이 채워지면, 원가족이나 배우자, 나의 자녀에게 줄 '사랑의 그릇'이 충만해집니다. 오히려 원가족의 결핍은 하나님 아버지의 무한한 사랑을 만나는 은혜의 '기회'입니다. 이러한 경험이 있다면 나누어 주세요.

(예. 하나님은 당신을 누구라고 부르나요? 얼마만큼 사랑하시나요? 그 사랑이 진실로 가슴으로 느껴지시나요? 하나님의 사랑으로 얼마만큼 충만한가요?)

당신의 정체성에 대해 부모님이 했던 말 중 기억에 남는 말이 있나요? 하나님 아버지는 당신을 어떤 시선으로 바라보고 계시나요? 하나님 아버지 안에서 새로운 정체성을 확고히 했던 경험이 있다면 나누어 주세요. 없다면 구하는 기도문을 작성해 주세요.

⑫ 동물원에 갇혀 있는 호랑이를 상상해 보세요. 어린 시절에는 부모 밑에서 도움을 받는 것이 맞습니다. 이제는 야생에 나갈만한 힘이 있습니다. 동물원 우리 앞에서 하나님의 크신 손이 호랑이에게 이제 나오라고 격려하고 계십니다. 호랑이가 어떻게 용기 낼 수 있을까요? 호랑이가 동물원을 나가면, 어떤 일이 펼쳐질까요? 위험할까요? 안전할까요? 호랑이는 무엇을 '믿고' 동물원을 나오는 결정을 할 수 있을까요? 나의 경우와 적용해서 나누어 주세요.

📖 성경 스터디

1 시편 22:10절을 찾아 적어 보세요.

2 위 말씀에 의하면, 하나님 아버지는 언제 당신의 아버지가 되셨나요?

📖 성경 스터디

3 에베소서 1장 4절을 찾아 적어 보세요.

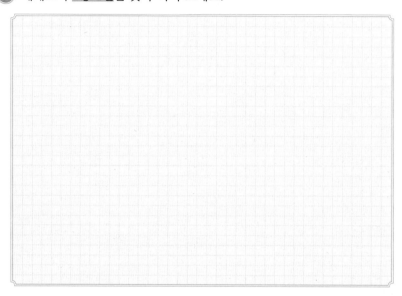

4 위 말씀에 의하면, 하나님 아버지는 언제 당신을 선택하셨나요?

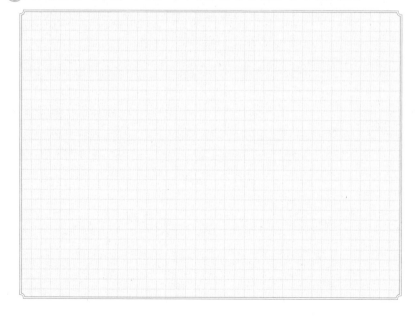

③ 예레미야 1장 5절을 찾아 적어 보세요.

⑥ 위 말씀에 의하면, 하나님은 언제 '예레미야'의 사명을 정하셨나요?

📖 성경 스터디

7 예레미야 1장 6절을 찾아 적어 보세요.

8 위 말씀에 의하면, 예레미야는 자신의 부르심에 어떻게 반응했나요?

⑨ 예레미야 1장 7-9절을 적어주세요. 하나님은 어떻게 예레미야의 고민을 해결해 주셨나요?

⑩ 예레미야 1장 10절을 적어주세요. 하나님은 예레미야가 어떤 사명을 감당할 것이라고 말씀해 주셨나요?

📖 성경 스터디

⑪ 예레미야의 부르심의 장면을, 나를 남편(아내)으로 부르신 부르심과 비교해 봅시다. 나는 하나님께 부르심을 받은 사역자임을 인식하고 있나요? 가정을 세워가는 사역에 어려움이 있더라도, 하나님이 부르셨다면 어떻게 태도가 달라질까요?

💡 핵심정리

당신은 누구입니까. 당신의 부모는 누구입니까. 당신의 출신과 배경은 어떻습니까. 사랑받지 못하고 인정받지 못한 결핍이 당신은 계속 짓누릅니까? 더 이상 당신은 당신의 혈통으로나 사람의 뜻으로 정의내릴 수 없습니다. 당신을 표현하는 가장 완벽한 정체성은 '하나님의 자녀'입니다. 성경적인 독립은 바로 이 진리를 기억하기 위한 절차입니다. 독립의 목표는 단순히 육신의 부모님과 분리하는 데 있지 않습니다. 성경이 말하는 육체적인 죄의 굴레에서 벗어남을 의미합니다. 육신의 부모님께 물려받은 죄와 상처를 대물림하지 않게 하시려는 하나님의 섭리가 담겨 있습니다. 이제는 육신의 부모를 뛰어넘어, 영혼의 부모이신 하나님께 발돋움하는 성장을 향해 나아갈 때입니다.

> 영접하는 자 곧 그 이름을 믿는 자들에게는 하나님의 자녀가 되는 권세를 주셨으니 이는 혈통으로나 육정으로나 사람의 뜻으로 나지 아니하고 오직 하나님께로서 난 자들이니라 (요1:12-13)

✎ 과제

1 Chapter 3. 1-2장을 읽고, 와닿은 문장과 그 이유를 적어 주세요.

✎ 과제

② 대부분 독립이 건강하게 이루어지지 않으면 '열등감'을 많이 느낍니다.
독립하지 못한 부분은 성장하지 못한 것과 동일어이기 때문입니다.
당신의 삶의 영역에서 남들보다 열등하다고 여겨지는 부분이 있나요?
그 지점에 대해 원가족에서 주로 듣던 말이 무엇인지 나누어 주세요.
하나님은 이 영역에 대해서 무엇이라고 말씀하시는지 귀를 기울여 보고,
응답의 마음을 나누어 주세요.

✎ 과 제

③ 빈 노트 한 장에 아주 작은 원을 그려 보세요. 남은 여백과 작은 원을 비교해 보세요. 작은 원은 사람이 줄 수 있는 사랑의 크기입니다. 아무리 완벽히 사랑을 받더라도, 한계가 있습니다. 나머지 여백은 하나님이 줄 수 있는 사랑입니다. 이 여백은 경험하지 못했던 하나님의 사랑이 아직도 많이 남아 있음을 의미합니다. 하나님의 사랑을 '믿지 못하는' 영역이 여전히 있을 수 있나요? 앞으로 수많은 기회가 있습니다. 하나님의 사랑을 매일 매일 다른 차원으로 경험하게 해달라고 기도하는 기도문을 작성해 주세요. (독립파트 공부는 여기서 끝나지만, 너무 중요한 파트입니다. 뒤로 넘어가기 전에, 하나님과의 애착을 꼭 붙잡고 독립에 성공하시기를!!!!!!)

5주

×

하트로
연합되다 (1)

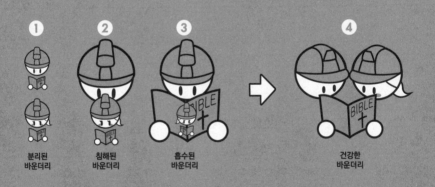

① 분리된 바운더리

② 침해된 바운더리

③ 흡수된 바운더리

④ 건강한 바운더리

| 📂 들어가며 |

Ⓠ 위 그림을 보고, 우리 부부는 어떤 바운더리 유형인지 나누어 주세요.

① 부부 연합의 방해물 중에서 '두려움'을 살펴봅시다. 이는 비난과 수치심, 사단의 공격과 모두 관련이 있습니다. 다음의 '두려움과 사랑의 집에 관한 이야기'를 읽어 보고, 어떤 점이 우리의 원가족, 현재의 가정과 비슷한지 나누어 주세요.

두려움의 집   사랑의 집

| 두려움의 집 |

두려움이 장악한 가정은 안개가 짙게 깔린 음침한 성과 같습니다. 그곳에 사는 가족들은 자유롭게 숨 쉬지 못하고, 보이지 않는 사슬에 묶여 살아갑니다. 가족 구성원의 모든 선택은 스스로 원하는 것이 아니라, 보이지 않는 손에 의해 조종되고 있는 감옥과도 같습니다. 이는 불안과 경계의 연속입니다. 가족 구성원들은 끊임없이 서로의 눈치를 봅니다. 작은 행동 하나, 사소한 말 한마디에도 혹시 실수하지 않았나 전전긍긍합니다. 아이들은 부모의 기분을 살피며, 부모는 사회적 시선을 두려워하며, 부부는 서로의 비위를 맞추느라 본심을 숨깁니다. 두려움을 이용해 벌로 통제하는 방식이 자연스럽게 자리 잡습니다. "이렇게 하지 않으면 큰일 나.", "그렇게 하면 벌받을 거야." 같은 말들이 습관적으로 오갑니다. 사랑의 표현이 아닌 협박과 경고가 가족 관계를 움직이는 원동력이 됩니다. 가족 구성원들은 서로 솔직해질 수 없습니다. 진심을 표현하면 혹여 비난받거나 배척당할까 두렵기 때문

입니다. 표정과 말투 하나까지 조심해야 하며, 감정은 철저히 숨겨야 합니다. 겉으로는 평온해 보이지만, 속으로는 불안과 억압이 쌓여 갑니다. 무기력한 순종이 일상화됩니다. 아이들은 부모의 말에 무조건 복종해야 하며, 배우자는 상대방이 원하는 대로 자신을 억지로 맞추려 합니다.

| 사랑의 집 |

반대로 사랑과 자유가 지배하는 가정은 마치 햇살이 가득한 정원과 같습니다. 가족들은 따뜻한 공기 속에서 서로를 있는 그대로 받아들이고, 마음껏 성장합니다. 가족 구성원들은 서로를 믿고, 마음을 활짝 열 수 있습니다. 실수해도 정죄 받거나 판단 받지 않으며, 성장을 위한 기회로 받아들입니다. 함께 있는 시간이 편안합니다. 언제나 발전적이고 긍정적인 말들이 오가며, 실패해도 서로 격려해 줍니다. 서로의 속마음을 숨기지 않기 때문에 진정한 의미의 유대감이 형성됩니다. 부부 사이는 서로를 소유하려 하지 않고, 함께 성장하는 동반자로 존중합니다. 가정 안에 온기가 흐르고 애정이 충만합니다. 서로의 존재를 그 자체로 기뻐하기에, 가족 구성원들은 자신만의 색깔을 찾고, 온전한 모습으로 살아갈 힘을 얻습니다. 이는 하나님이 주인 되시는 천국 같은 가정의 모습입니다.

🤲 나눔

구분	두려움의 집	사랑의 집
기반 감정	두려움, 불안, 불신	사랑, 신뢰, 안정
소통 방식	방어적, 비판적, 회피적	개방적, 존중, 공감
관계 형성	지배와 복종, 조건부 관계	상호 존중, 무조건적 수용
자기 인식	자기 비하, 불안정한 자아	긍정적인 자아, 자기 수용
변화에 대한 태도	저항, 걱정, 부정적 예측	수용, 도전, 성장 지향
갈등 해결 방식	회피, 공격, 통제	대화, 협력, 해결 중심
주된 동기	처벌 회피, 타인의 기대 충족	내면의 가치, 진정한 행복
삶의 태도	부정적 시각, 희망 부족	긍정적 시각, 희망과 가능성
결과	스트레스, 고립, 불행	평온, 유대감, 행복
주인	사단	하나님

| 두려움의 집과 사랑의 집의 대화 방식 비교 |

1. **두려움의 집** "넌 왜 항상 내 말을 무시해? 넌 날 전혀 이해하려 하지 않아!"
   사랑의 집 "나는 이 부분에서 이렇게 느꼈어. 네 생각은 어때? 우리가 함께 더 나은 방법을 찾을 수 있을까?"

2. **두려움의 집** "당신 왜 일 처리 안 했어? 너무 게으르다!"
   사랑의 집 "숙제를 안 한 이유가 있을까? 당신이 힘들다면 도와줄 방법을 같이 찾아볼까?"

3. **두려움의 집** "자기는 항상 내 말을 무시해! 나를 아내로 생각하는 거 맞아?"
   사랑의 집 "요즘 자기가 내 말을 잘 경청하지 않는 것 같아서 속상했어. 혹시 무슨 마음이야? 솔직하게 이야기해 줄 수 있을까?"

4. **두려움의 집** "당신이 제 역할을 못 해서 우리가 다 힘들어졌어요! 어떻게 책임 질래요?"
   사랑의 집 "우리 가족이 더 행복해지려면, 어떤 부분을 개선하면 좋을까요? 함께 고민해 보아요! 우린 할 수 있어요!"

📖 성경 스터디

1 로마서 8장 1-2절을 찾아 적어 주세요.

2 위 말씀은 어떤 두 가지 법을 대조해서 설명하고 있나요? 앞서 배운 '두려움의 집'과 '사랑의 집'과 어떻게 연결이 되는지 찾아 보세요.

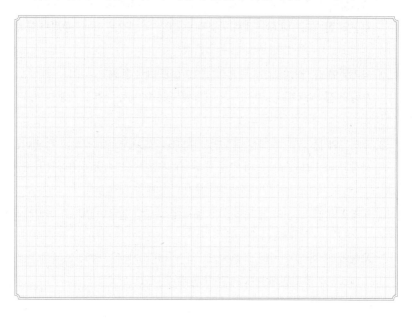

③ 로마서 8장 전체를 읽고, 전체 주제가 무엇인지 찾아 적어 주세요. 배운 내용과 관련이 있다고 생각하는 구절을 찾아 적어 주세요.

④ 로마서 8장 7-8절을 적어 주세요. 하나님의 법은 인간 세계를 초월하는 가장 완벽한 법입니다. 그런데 위 말씀에 의하면, 이 법은 어떤 특징을 지니고 있나요?

📖 성경 스터디

5 <u>로마서 8장 1절</u>을 적어주세요. 우리 가정은 어떤 형태로 '비난'과 '정죄'와 '책임 추궁'을 하고 있나요? 예수님 안에서 그 방법은 옳은가요?

6 로마서 8장 2절을 적어주세요. 우리 가정은 어떤 법과 규칙이 있나요? 그 법은 누가 제정했나요? 그 법을 지키지 못했을 때 어떤 처벌과 조치가 가해지나요? 위 구절에 의하면, 우리 가정의 법은 '생명과 성령의 법'인가요 '죄와 사망의 법'인가요?

7 로마서 8장 5-6절을 적어 주세요. 대조되어 나와 있는 두 가지 생각을 찾아 적어 주세요. 나는 주로 어떤 생각을 하면서 살고 있나요? 우리 가정은요? 두 생각의 열매는 어떻게 다른가요? 내가 만약 지금의 생각을 고수한다면, 그 결과는 어떻게 되는지 적어 주세요.

8 로마서 8장 6-10절을 적어 주세요. 완벽한 하나님의 법을 지키기 위해서는 어떻게 해야 할까요?

9 <u>로마서 8장 11절</u>을 적어 주세요. 우리가 서로 비난하거나 자책하지 않아도 되는 근거는 무엇인가요?

10 <u>로마서 8장 12-13절</u>을 적어 주세요. 하나님의 법을 지키기 위한 유일한 방법이 나와 있습니다. 이 말씀은 하나님이 우리를 책망하시는 어조로 말씀하셨을까요? 아니면 사랑과 초청의 음성처럼 느껴지시나요? 그렇게 느낀 근거는 무엇인가요?

⑪   우리 부부는 가정 안에서 서로 묶인 사이입니다. 상대방이 크고 작은 잘못을 했을 때, 그 피해는 고스란히 배우자에게 영향을 끼칩니다. 남의 문제인 양 모른 척 눈감아 주기 어렵습니다. 그래서 서로에게 잔소리와 비난, 책임 전가와 통제, 형벌의 수단을 사용하려고 합니다. 어떻게서든 상대방을 쥐 잡듯이 잡는 시도입니다. 그런데 마지막까지 서로의 책임만 추궁한다면 어떻게 되나요? 결국 죽음만 남습니다. 이혼할 건가요? 여기서 잠시 멈춰 보세요. 로마서 8장 3절을 보세요. 우리 부부 대신 그 '죽음'을 담당하신 그분의 이름을 찾아 적어 보세요. 그분께 책임을 마음껏 돌리셔도 된다고 합니다!!! 진짜 기쁜 소식이 아닙니까!!!

💡 핵심정리

가정 사역은 두려움을 사랑으로 변화시키는 과정입니다. 사단이 주인 된 집처럼 형벌 감옥이 될 필요가 없습니다. 하나님이 주인이 되시면, 참 자유와 사랑을 누리는 가정이 됩니다. 서로를 비난하고 정죄하며 통제하는 게 아니라, 예수 그리스도 안에서 용서하고 격려하며 세워 주는 방향성입니다. 어둠이 변하여 빛으로 나아갈 수 있습니다. 이렇게 '사랑'의 기준이 세워질 때, 서로를 신뢰하며 마음 문을 열고, 연합할 수 있습니다.

✎ 하나님이 우리에게 주신 것은 두려워하는 마음이 아니요 오직 능력과 사랑과 근신하는 마음이니 (딤후1:7)

✏️ 과제

① Chapter 3. 4-5장을 읽고, 와닿은 문장과 그 이유를 적어 주세요.

✎ 과제

② 원가족과 현재의 가족 안에 '두려움'에 사로잡혀 있는 영역이 있는지 발견해 달라고 기도해 보세요. 서로 '벌'을 내리는 방식을 살펴보면 됩니다. 성령님이 조명해 주시는 부분에 '예수님의 이름으로' 두려움이 결박되도록 기도문을 적어 주세요. 그 영역이 하나님의 사랑과 능력과 절제하는 마음으로 변화되기를 요청하는 기도문을 적어 주세요.

(Tip) 이 기도는 가정사역에서 너무 중요한 기도입니다. 예수님이 주인 되시는 가정에는 모든 두려움이 사라짐을 기억해 주세요. 두려워하지 말라는 하나님의 말씀을 기억하며 충분한 기도의 시간을 보내 주세요

6주

×

하트로
연합되다 (2)

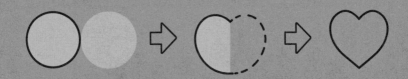

| 📁 들어가며 |

Q 하트를 그려볼 거예요. 당신이 먼저 반쪽 자리 하트를 그려 주세요.
그리고 배우자에게 나머지 반쪽을 채워서 그려 달라고 해주세요.
하트는 예쁘게 잘 그려졌나요? 어려운 점은 어떤 점이었나요?

♥ 나눔

1 청년의 때를 떠올려 보세요. 지금과 다른 미성숙한 부분은 어떤 점이 있는지, 결혼 후 어떤 점이 성숙해졌는지 나누어 주세요.

2 당신이 주로 관계 양식에서 회피하고 합리화했던 부분은 어떤 영역 인가요? 혹시 지금 배우자와도 갈등이 있는 지점은 다른 인간관계에 서도 동일했던 부분이 아닌가요? 생각나는 지점을 나누어 주세요.

3 배우자가 했던 나에 대한 피드백을 통해 나의 죄에 대해 직면하고 회개했던 지점이 있다면 나누어 주세요.

📖 성경 스터디

이번주와 다음주는 '배우자와의 연합을 방해하는 31가지 죄의 목록'을 살펴봅니다. 말씀을 보다 보면 "이 죄는 하나님에 대한 것 아닌가? 배우자와의 관계와 무슨 관련이 있지?" 하고 헷갈릴 수도 있습니다. 이 책에서는 배우자와의 관계와 영적인 삶을 결코 분리하지 않는다는 점을 강조하고 있음을 기억해 주세요.

📑Tip 예를 들어, 하나님 앞에서 교만한 마음을 가진 사람은 인간관계에서도 자연스럽게 같은 태도를 보일 수밖에 없습니다. 하나님과의 관계(대신관계)는 필연적으로 대인관계에 영향을 미칩니다. 특히, 육신의 배우자와의 관계는 영적인 배우자인 예수님과의 관계와 깊이 연결되어 있다는 사실을 기억하며 말씀을 적용해 주세요.

| 배우자와의 연합을 방해하는 31가지 죄의 목록 |

💬 초성퀴즈 (1)

1 거짓말 : 사실을 있는 그대로 말하지 않고 왜곡하거나 과장하는 것

• 네 이웃에 대하여 ㄱ ㅈ ㅈ ㄱ 하지 말라 (출20:16)

2 고집, 불순종 : 모든 견해와 기호에 있어서 항상 자신이 결정하기를 원하는 것

• 이는 네가 ㅇ ㄱ 하여 네 목은 ㅅ 근육이요 네 이마는 놋쇠임을 내가 알았기 때문이라 (사48:4)

3 힘의 남용과 오용 : 배우자 위에 군림하며 말과 행동으로 사사건건 지배하려는 것

• 무릇 자기를 ㅇ ㅇ ㄱ 자는 낮아지고 자기를 ㄴ ㅊ ㄴ 자는 높아지리라 (눅14:11)

④ **적대감과 다툼** : 상처받았다고 여겨질 때, 맞대어 보복하고 고의적으로 싸움을 거는 것

- 또 눈은 눈으로, 이는 이로 갚으라 하였다는 것을 너희가 들었으나 나는 너희에게 이르노니 악한 자를 [ㄷ][ㅈ] 하지 말라 누구든지 네 [ㅇ][ㄹ][ㅉ] 뺨을 치거든 왼편도 돌려 대며 (마5:38-39)

⑤ **술취함과 방탕** : 상처받았다고 여겨질 때, 맞대어 보복하고 고의적으로 싸움을 거는 것

- 또 육체의 일은 현저하니 (…) 투기와 [ㅅ] 취함과 [ㅂ][ㅌ][ㅎ] 과 또 그와 같은 것들이라 전에 너희에게 경계한 것 같이 경계하노니 이런 일을 하는 자들은 하나님의 나라를 [ㅇ][ㅇ] 으로 받지 못할 것이요 (갈5:19,21)

⑥ **간음** : 배우자가 아닌 다른 사람을 은밀하게 상상하고 탐하는 것

- 모든 사람은 혼인을 [ㄱ] 히 여기고 [ㅊ][ㅅ] 를 더럽히지 않게 하라 [ㅇ][ㅎ] 하는 자들과 간음하는 자들은 하나님이 [ㅅ][ㅍ] 하시리라 (히13:4)

⑦ **분노** : 화풀이로 배우자에게 독을 뿌려 그 내면을 죽이는 것

- 미련한 자는 분노를 [ㄷ][ㅈ] 에 나타내거니와 슬기로운 자는 [ㅅ][ㅇ] 을 참느니라 (잠12:16)

⑧ **비웃음** : 단순한 유머라는 합리화로 배우자를 은근히 비꼬는 것

• [ㄱ][ㅂ]러진 말을 네 입에서 버리며 [ㅂ][ㄸ]어진 말을 네 입술에서 멀리 하라 (잠4:24)

⑨ **비판과 판단** : 배우자에 대해 전부 알았다고 착각하고, 판사 놀이를 일삼는 것

• [ㅂ][ㅍ]하지 말라 그리하면 너희가 [ㅂ][ㅍ]을 받지 않을 것이요

[ㅈ][ㅈ]하지 말라 그리하면 너희가 [ㅈ][ㅈ]를 받지 않을 것이요

[ㅇ][ㅅ]하라 그리하면 너희가 [ㅇ][ㅅ]를 받을 것이요 (눅6:37)

⑩ **외식** : 속임수로 자기 자신의 죄와 약점을 가리고 위장하는 것

• 또 너희가 기도할 때에 [ㅇ][ㅅ]하는 자와 같이 되지 말라 저희는 [ㅅ][ㄹ]에게 보이려고 회당과 큰 거리 어귀에 서서 기도하기를 좋아하느니라 내가 진실로 너희에게 이르노니 저희는 자기 [ㅅ]을 이미 받았느니라 (마6:5)

⑪ **자기의** : 자신의 언행은 항상 옳고 의롭다고 믿는 것

• 만일 우리가 [ㅈ] 없다 하면 스스로 속이고 또 [ㅈ][ㄹ]가 우리 속에 있지 아니할 것이요 (요일1:8)

⑫ **험담** : 지인들에게 배우자에 대한 뒷담화를 일삼는 것

• 패역한 자는 다툼을 일으키고 [ㅁ]쟁이는 친한 [ㅂ]을 이간하느니라 (잠언 16:28)

13 **짜증** : 매사가 자신의 의도대로 진행되지 않을 때마다 탓하고 분노하는 것

- 여호와 앞에 잠잠하고 참아 기다리라 자기 길이 형통하여 악한 ㄲ 를 이루는 자를 인하여 ㅂ ㅍ 하지 말지어다 분을 그치고 ㄴ 를 버리라 불평하여 말라 ㅎ ㅇ 에 치우칠 뿐이라 (시37:7-8)

14 **까다로움** : 자아의 노예가 되어, 자신의 자아를 극진하게 모시도록 배우자에게 요구하는 것

- 저가 모든 사람을 대신하여 죽으심은 산자들로 하여금 다시는 저희 ㅈ ㅅ 을 위하여 살지 않고 오직 저희를 대신하여 죽었다가 다시 사신 자를 위하여 살게 하려 함이니라 (고후5:15)

Chapter 3 __ 6주. 하트로 연합됩니다 (2)

💡 핵심정리

회개하라는 하나님의 음성은 듣기만 해도 골치 아픈 잔소리가 아닙니다. 우리를 업그레이드시켜 주는 고속열차를 타는 것과 같습니다. 배우자도 당신이 죄를 자복할 때, 긍휼하게 여겨줄 겁니다. 이는 기독교 가정에서만 누릴 수 있는 가장 큰 특권입니다. 우리는 완벽하지 않아도 됩니다. 우리는 다만 진실해야 합니다. 예수님이 죄에 대한 책임은 치루어 주셨기 때문입니다! 할렐루야!!!

✒ <u>자기의 죄를 숨기는 자는 형통치 못하나 죄를 자복하고 버리는 자는 불쌍히 여김을 받으리라</u> (잠28:13)

✎ 과제

1 오늘은 본문 읽기 과제가 없습니다. 밀린 분량이 있으면 읽어 주세요.

---

2 본문에서 31가지 죄의 목록 전체를 다시 살펴 보고, 내가 주로 짓는 죄 3가지를 뽑아 적어 주세요.

📑Tip 물론, 3가지만 뽑기가 어려울 수도 있습니다. 모든 죄의 뿌리는 교만함이기 때문에, 교만함의 상태에서는 많은 죄들에 걸려 넘어질 수 있습니다. 그러나 내가 하나님 앞에 충만할 때도, 자주 걸려 넘어지는 죄의 목록을 골라 주세요.

✎ 과제

③ 내가 주로 짓는 죄로 인해 어떤 갈등이 주로 일어났는지 내 삶을 돌이켜 보세요.

> 📖**Tip** 결혼 생활에서 자신의 행동을 성찰하는 데 중점을 두어야 합니다. 자신의 삶에서 어떤 죄들이 나타났는지, 그로 인해 어떤 갈등이 발생했는지 깊이 고민하고, 이를 통해 변화의 방향을 모색하는 과정입니다.

7주

×

하트로
연합되다 (3)

| 들어가며 |

Q 그림을 묘사해 주세요. 두 그림의 공통점과 차이점은 무엇인가요?

🤲 나눔

① 당신은 얼마나 당신 자신에 대해 생각하고 또 생각하나요? 하루 중 내 자신을 묵상하는 시간과 하나님의 말씀을 묵상하는 시간의 비율은 어느 정도 되나요? 내 삶에 '교만(과대자기)'을 나누어 보고, 교만 (과대자기)이 어떻게 다른 죄와 관련이 있는지 생각해 보세요.

② 배우자에게 당신의 숨겨진 죄에 대해 고백하는 것이 어떻게 거룩한 예배와 연결되는지 나누어 주세요.

③ 부부간의 대화를 통해 서로의 민낯이 얼마나 드러나고 있나요? 죄를 나누고, 연약함을 솔직히 나누고 있나요? 관계에서의 기대와 상처를 드러내고 있나요? 감정과 생각을 가감없이 나누고 있나요?

④ 만약 배우자에게 나의 민낯을 잘 드러내지 못한다면 그 이유는 무엇인가요? 31가지 죄의 목록과 관련이 되어 있나요?

⑤ 31가지 죄의 목록을 통해, 우리 관계에서 핵심적인 문제는 '죄'임을 발견할 수 있습니다. 우리 부부의 갈등과 죄가 어떤 관련이 있는지 나누어 주세요.

📖 성경 스터디

| 배우자와의 연합을 방해하는 31가지 죄의 목록 |

💬 초성퀴즈 (2)

⑮ **인정받으려는 마음** : 자신의 가치를 과대 포장하려는 욕망을 정당화하는 것 과장하는 것

• 너희가 서로 [ㅇ][ㄱ]을 취하고 유일하신 하나님께로부터 오는 [ㅇ]

[ㄱ]은 구하지 아니하니 어찌 나를 믿을 수 있느냐 (요5:44)

⑯ **불신앙** : 배우자의 선한 의도를 의심하고 악의적으로 판단하는 것

• 사랑은 오래 참고 (…) 모든 것을 참으며 모든 것을 [ㅁ]으며 모든 것을

[ㅂ][ㄹ]며 모든 것을 견디느니라 (고전13:4,7)

⑰ **무관심** : 자기 자신에게만 몰두해 배우자에게 관심과 에너지를 쏟지 않는 것

• 서로 [ㄷ][ㅇ] 보아 사랑과 [ㅅ][ㅎ]을 [ㄱ][ㄹ]하며

[ㅁ][ㅇ]기를 폐하는 어떤 사람들의 습관과 같이 하지 말고 오직 권하여

그날이 [ㄱ][ㄲ][ㅇ]을 볼수록 더욱 그리하자 (히10:24-25)

⑱ **세상을 사랑함** : 배우자보다 세상 욕심과 성취를 앞세우고 계속 탐하는 야망

• 이 [ㅅ][ㅅ]이나 [ㅅ][ㅅ]에 있는 것들을 사랑하지 말라 누구든지

[ㅅ][ㅅ]을 사랑하면 아버지의 사랑이 그 속에 있지 아니하니

(요일2:15)

⑲ **분주함** : 배우자와 질적인 시간을 보내지 않고, 지나치게 일에 매여 염려하고 분주한 것

• 그에게 마리아 라는 동생이 있어 주의 ㅂ ㅇ ㄹ 앉아 그의 말씀을 듣더니 마르다는 ㅈ ㅂ 하는 일이 많아 마음이 ㅂ ㅈ 한지라 예수께 나아가 가로되 주여 내 동생이 나 혼자 일하게 두는 것을 생각지 아니하시나이까 저를 명하사 나를 도와주라 하소서 주께서 대답하여 가라사대 마르다야 마르다야 네가 많은 일로 ㅇ ㄹ 하고 ㄱ ㅅ 하나 그러나 몇 가지만 하든지 혹 한 가지만이라도 ㅈ 하니라 마리아는 이 ㅈ 은 편을 택하였으니 빼앗기지 아니하리라 하시니라 (눅10:29-42)

⑳ **시기심** : 배우자가 더 좋은 것, 많은 것을 얻는 것을 차마 눈 뜨고 보지 못하고 굴욕감을 주거나 앙갚음하는 것

• 이는 저가 그들의 ㅅ ㄱ 로 예수를 넘겨준줄 앎이러라 (마27:18)

㉑ **자기연민** : 배우자가 자신을 끊임없이 돌봐줘야 한다고 여기는 한의 마음, 자신의 상처만 곱씹고 탐닉하는 죄 (*존 파이퍼는 자기 자랑은 교만이 성공에 대해 보이는 반응이며, 자기 연민은 교만이 "고난"에 대해 보이는 반응이라고 말했다.)

• 그들에게 이르되 우리가 애굽 땅에서 고기 가마 곁에 앉았던 때와 ㄸ 을 배불리 먹던 때에 여호와의 손에 ㅈ ㅇ 더라면 좋았을 것을 너희가 이 ㄱ ㅇ 로 우리를 인도하여 내어 이 온 회중으로 주려 죽게 하는도다 (출16:3)

㉒ **사랑없음** : 마땅히 배우자에게 도움이 필요한 상황에서도 모른척 하고 냉담한 것

- 너희가 진리를 [ㅅ][ㅈ]함으로 너희 영혼을 [ㄲ][ㄲ]하게 하여 [ㄱ][ㅈ]이 없이 형제를 사랑하기에 이르렀으니 마음으로 [ㄸ][ㄱ]하게 [ㄱ] 피차 사랑하라 (벧전1:22)

㉓ **인색함** : 돈에 과도한 의미를 부여하고 생존의 위협으로 여기는 것

- [ㄱ][ㅈ]를 좋아하는 자는 [ㅍ][ㅈ]하여질 것이요 남을 [ㅇ][ㅌ]하게 하는 자는 [ㅇ][ㅌ]하여지리라 (잠11:25)

㉔ **허영** : 배우자 외에 다른 사람의 시선을 지나치게 의식하고 포장하는 것

- 그리하여 남모르게 [ㅅ]어서 보시는 너희 아버지께서 너희에게 갚아주실 것이다 (마6:4)

㉕ **낙심** : 배우자의 도움을 구하지 않고, 지레 포기하고 마음을 닫아버리는 것

- 정녕히 네 [ㅈ][ㄹ]가 있겠고 네 [ㅅ][ㅁ]이 끊어지지 아니하리라 (잠23:18)

㉖ **불평** : 배우자에게 받은 것을 감사하지 않고, 더 많은 섬김을 계속 요구하는 것

- 아무것도 [ㅇ][ㄹ]하지 말고 오직 [ㅁ][ㄷ]일에 기도와 [ㄱ] [ㄱ]로, 너희 구할 것을 [ㄱ][ㅅ][ㅎ]으로 하나님께 아뢰라 (빌4:6)

햅사배의 결혼상담 스터디북

㉗ 게으름 : 마땅히 해야 할 책임을 배우자에게 미루고 시간을 허비하는 것

• 게으른 자여 네가 어느 때까지 눕겠느냐 네가 어느 때에 잠이 깨어 일어나겠느냐 좀더 [ㅈ] [ㅈ] , 좀더 [ㅈ] [ㅈ] , 손을 [ㅁ] [ㅇ] [ㄱ] 좀더 눕자 하면 네 [ㅂ] [ㄱ] 이 강도같이 오며 네 [ㄱ] [ㅍ] 이 군사 같이 이르리라 (잠6:9-10)

㉘ 다른 사람을 기쁘게 하려는 마음

: 배우자보다 다른 사람들의 인정에 더 갈급해 하고, 배우자를 뒷전으로 여기는 것

• 이제 내가 [ㅅ] [ㄹ] 들에게 좋게 하랴 하나님께 좋게 하랴 사람들에게서 [ㄱ] [ㅃ] 을 구하랴 내가 지금까지 사람의 [ㄱ] [ㅃ] 을 구하는 것이 었더면 그리스도의 [ㅈ] 이 아니니라 (갈1:10)

㉙ 용서하지 않음

: 배우자의 잘못을 볼모로 삼아 쉬지 않고 심문하고 괴롭히는 것

• 서로 [ㅇ] [ㅈ] 하게 하며 [ㅂ] [ㅆ] [ㅎ] 여기며 서로 [ㅇ] [ㅅ] 하기를 하나님이 그리스도 안에서 너희를 [ㅇ] [ㅅ] 하심과 같이 하라 (엡4:32)

30 **음행** : 배우자와 일정한 거리감을 두고, 성적으로 부도덕한 것

• 음행을 $\boxed{ㅍ}$ 하라 사람이 범하는 죄마다 $\boxed{ㅁ}$ 밖에 있거니와 $\boxed{ㅇ}$

$\boxed{ㅎ}$ 하는 자는 자기 $\boxed{ㅁ}$ 에게 죄를 범하느니라 (고전6:18)

31 **처음 사랑을 잃어버림**

: 배우자와 처음 사랑에 빠졌을 때의 열정을 잃어버린 것

• 또 네가 참고 내 이름을 위하여 견디고 게으르지 아니한 것을 아노라 그러나 너를

$\boxed{ㅊ}$ $\boxed{ㅁ}$ 할 것이 있나니 너의 $\boxed{ㅊ}$ $\boxed{ㅇ}$ 사랑을 버렸느니라 (계2:3-4)

핵심 정리

배우자를 사랑하나요? 배우자에게 가장 좋은 선물을 주고 싶으신가요? 당신 영혼의 집을 자주 청소해 주세요. 배우자는 당신의 '깨끗한 정도'에 가장 민감한 사람입니다. 가장 가까이 있기 때문입니다. 가정을 더럽히는 '죄'를 매일 씻어 주세요. 배우자에게 가장 좋은 선물은 당신의 회개입니다.

만일 우리가 우리 죄를 자백하면 저는 미쁘시고 의로우사 우리 죄를 사하시며 모든 불의에서 우리를 깨끗케 하실 것이요 (요일1:9)

✎ 과제

① Chapter 4. 1-2장을 읽고, 와닿은 문장과 그 이유를 적어 주세요.

✎ 과제

② 네이버 '헵시바 맘카페'에 가입하셔서, '결혼상담 스터디북 과제 게시판'에 들어가 주세요. '[스터디북 다운 자료] 부부 대화 질문지 파일'을 다운 받아 주세요. 배우자에 대해 더 알아가는 '질문'이 담겨 있습니다. 서로 대화 시간을 보낸 이후에 소감을 적어 주세요.

> **Tip** 어느 정도 시간 할애했는지, 질문지 대화하기 전에는 질문지 내용의 어느 정도를 알고 있었는지, 대화한 후 이 질문지가 어느 정도 도움이 되었다고 생각하는지 나누어 주세요.

8주

×

남편은 지붕
아내는 기둥 (1)

아내=기둥　　　　　　　　남편=지붕

| 들어가며 |

Q 그남편은 지붕이고 아내는 기둥입니다.
이성과 살면서 체감하는, 남녀의 차이점은 어떤 것인가요?

🤲 나눔

1 본문을 읽어 보고, 당신은 어떤 유형의 지붕 혹은 기둥에 가까운지 나누어 주세요. [Tip] 어느 정도 시간 할애했는지, 질문지 대화하기 전에는 질문지 내용의 어느 정도를 알고 있었는지, 대화한 후 이 질문지가 어느 정도 도움이 되었다고 생각하는지 나누어 주세요.

2 본문의 '배우자 역할 점검표'를 읽고, 우리 부부에게 해당되는 부분을 찾아 적어 주세요.

3 나의 남편(아내)로서의 정체성이 원가족에서 동성 부모님이 취했던 방식과 어떤 점이 같은지 점검해 보세요. 동성 부모님께 독립되지 않은 지점을 찾아 보고, 이 지점이 어떻게 배우자를 섬기는 데 방해가 되었는지 나누어 주세요. (예. 우리 엄마는 아빠에게 애교가 없고, 별 관심이 없으셨다. 오히려 자녀에게만 집중하셨다. 나도 남편에게 비슷하게 행동하고 있음을 발견했다.)

4 본문에서 건강하게 남편(아내)를 섬기는 방식을 읽고, 내가 적용할 부분을 구체적으로 찾아 나누어 주세요.

5 아내를 울렸을 때 하나님이 슬퍼하시고, 남편을 상심하게 했을 때 하나님이 분노하십니다. 이 점을 기억하고, 내가 그동안 배우자에게 잘못한 점에 대해서 나누어 주세요.

📖 성경 스터디

1 하나님 앞에서 '새로운 이름'을 받은 적이 있었나요? 사라의 원래 이름은 '사래'였으며, 이는 '공주'라는 뜻입니다. 그런데 하나님께서 사래의 이름을 '사라'로 바꾸셨습는데, 이는 '열국의 어미'라는 뜻입니다. 우리는 여전히 공주나 왕자로 남고 싶을 수 있습니다. 그러나 하나님은 우리에게 더 큰 정체성을 부여하고 싶어 하십니다. 큰 사명과 함께요. 하나님께 당신의 '진짜 이름'을 구하는 기도를 해보는 것 어떨까요. 이 기도는 당신의 정체성이 영원히 흔들리지 않게 해줄 뿐만 아니라, 당신의 부르심에 확신을 심어줄 것입니다.

📖 성경 스터디

② 창세기 18장에는 아브라함이 천사를 대접한 장면이 나옵니다. 그때 천사는 갑자기 "네 아내 사라가 어디 있느냐?"(창 18:9)라고 묻죠.

이 장면은 평범한 질문 같지만, 기혼자가 마땅히 대답할 수 있어야 하는 질문입니다. 당신의 배우자가 '어디'에 있는지 알고 있나요? 당신의 배우자가 현재 고민하는 문제나 감정적 무게, 영적 상태에 대해 깊이 알고 있나요? 이는 내가 배우자를 위해 얼마나 '기도'하고 '헌신'하고 있는지를 보여주는 지표입니다. 배우자를 위한 중보 기도문을 적으면서 기도해 보세요.

3 아브라함은 바로 사라의 위치를 알려줍니다. '장막에 있나이다' (창 18:9)
라고 대답하죠. 아브라함은 아내가 어디에 있는지를 알 만큼 아내에게
늘 신경을 쓰고 있는 남편이었음을 예측할 수 있습니다. 사라 또한 자
신의 위치에서 남편을 보필하기 위해 최선을 다했습니다. 아브라함과
사라 가정에서 배울 수 있는 중요한 원리는 창26:5절과 벧전3:6장에서
찾아 적어 주세요.

④ 남편이라면 아내와 자녀들이 어떻게 자신에게 순종하게 할 수 있는지에 대해 관심이 클 것입니다. 리더십이 인정받는 유일한 방법은 상위 리더십을 인정하는 태도를 통해서라고 합니다. 나는 하나님께 얼마나 복종하고 있나요? 내가 하나님께 반기를 들고, 순종하지 않는 만큼, 아내와 자녀들이 반응하고 있는 것은 아닌지 점검해 봅시다. 하나님이 요즘 나에게 원하시는 '순종'의 영역은 무엇인가요?

⑤ 내가 아내라면 '사라'의 모범을 따르면 좋겠습니다. 예수님께 직접적으로 순종하는 방법도 있겠지만, 하나님이 '남편'을 나의 권위로 세우셨음을 받아들입시다. 남편의 조언과 명령을 듣는 것이 불편하더라도 복종할 때, 건강한 가정의 질서가 세워집니다. 이는 남편에게 하는 순종이 될 뿐만 아니라, 예수님께 드리는 살아 있는 예배입니다. 남편을 '예수님'처럼 섬기지 못했음을 회개하는 기도문을 적어 보세요.

💡 핵심 정리

남자는 '머리'이기 때문에, 사고와 결정을 인정해 주어야 합니다. 여자는 '가슴'이기 때문에, 감정과 상황을 이해해 주어야 합니다. 남자의 생각과 행동이 틀렸다고 생각이 될 때도 무조건 비판을 자제하는 게 좋습니다. 여자의 감정이 일관되지 않다고 느껴지더라도, 무조건 수용해 주는 게 좋습니다. 하나님이 남자와 여자를 다르게 지으셨지만, 동일하게 예의를 지켜야 하는 부분이 있습니다. 이는, 상대방을 지으신 '하나님'에 대한 경외심입니다. 배우자의 영적인 아버지를 인정하면, 배우자에 대한 기본적인 존중은 놓지 않을 수 있습니다.

🖋 <u>그리스도를 경외함으로 피차 복종하라</u> (엡5:21)

✎ 과제

1 Chapter 4. 3-5장을 읽고, 와닿은 문장과 그 이유를 적어 주세요.

✎ 과제

② 남녀의 서로 다른 언어를 배우는 데에는 시간이 걸리지만, 반드시 노력할 가치가 있습니다. 상대방이 어떤 언어를 원하는지 구체적인 '문장'을 5가지를 적어 주세요. 상대방에게 직접 물어보는 것이 가장 좋습니다.

(예. 우리 남편은 '당신이 가장 수고가 많아요.' '쉬어도 괜찮아요, 제가 할게요.' '오늘도 보고 싶었어요.' '당신 덕분에 내가 너무 행복해요' '함께해줘서 고마워요.' 라는 말을 원한다고 했어요.)

CHAPTER.4

9주

×

남편은 지붕
아내는 기둥 (2)

| 들어가며 |

Q 남편은 지붕이고 아내는 기둥입니다. 서로 입장을 바꾼다면 어떨까요?
잘할 자신이 있나요? 어떤 점에서 힘들까요?

💝 나눔

1 당신은 얼마나 배우자에게 헌신된 지붕 혹은 기둥인가요? 배우자에게 당신의 헌신이 어떻게 영향을 끼치고 있나요? 정직하게 생각해 보고 사례를 나누어 주세요.

2 '내가 제일 소중해'와 '내가 제일 잘나가'를 어떻게 응용하고 있었는지 '나의 속마음 문장'을 적어 보세요.

③ 우리는 더 이상 청년 단독 자아 아닙니다. 이제는 아내이자 남편이
되었습니다. 아직도 청년의 자아를 붙잡고 있는 부분이 있다면 어떤
부분인지 나누어 주세요.

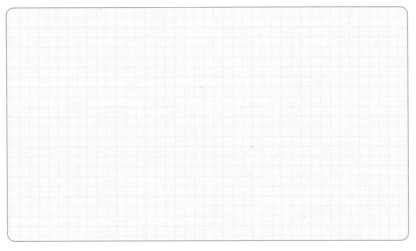

④ 당신은 옛 자아가 아닌 성령 안에서 '새로운 자아'로 살아가고 있나요?
옛 자아의 모습과 변화된 새 사람의 모습을 비교해 나누어 보세요.

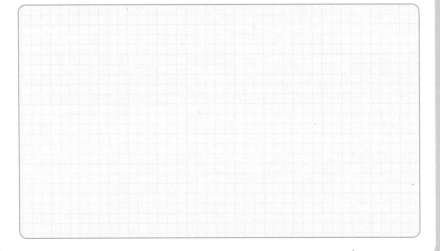

📖 성경 스터디

이 책은 '에베소서'에 나오는 교회론을 바탕으로 쓰였습니다. 에베소서는 교회의 정체성을 직관적으로 비유하고, 교회가 어떻게 살아야 하는지를 격려합니다. 교회가 가정과 동일하다는 전제하에, 에베소서 전체를 읽어 보세요. 성경을 읽을 때, 각 책마다 큰 구조를 잡으면 큰 도움이 됩니다. 에베소서를 다섯 부분으로 나누면 이렇습니다.

- **첫 번째 부분** : 그리스도 안에 세워진 교회의 기초를 제시합니다. (1장)
- **두 번째 부분** : 교회가 어떻게 지어져 가는지 그 방식을 설명합니다. (2장)
- **세 번째 부분** : 교회의 역할을 선포합니다. (3장)
- **네 번째 부분** : 교회와 성도의 삶이 어떠해야 하는지 실천편을 제시합니다. (4 - 6장1-9절)
- **다섯 번째 부분** : 교회에 있을 영적 전쟁을 위해 무장해야 함을 알려 주고 마칩니다. (6장 10절 - 24절)

이 책도 에베소서의 구조를 따라 구성되었습니다. 물론, 논리적으로 완전히 일치하지는 않지만, 전반적으로 에베소서의 흐름을 따라 왔습니다.

다음 질문에 답하면서, 에베소서에서 얻을 수 있는 성경적 결혼관에 대해 더 깊게 묵상해 보세요. 책 전체 내용도 정리할 수 있습니다.

📖 성경 스터디

① 에베소서 1장 전체를 읽어 보세요. 1장에서 표현되는, 교회의 기초는 무엇인가요?

② 그렇다면, 가정의 기초는 무엇이어야 하나요?

③ 에베소서 1장 21-23절을 찾아 적어 보세요. 교회는 그리스도와 어떤 관계를 맺고 있나요?

④ 그렇다면, 가정의 기초는 무엇이어야 하나요?

⑤ 에베소서 1장 12절을 찾아 적어 보세요. 교회를 세우신 목적은 무엇인 가요?

⑥ 에베소서 1장 3-5절을 찾아 적어 보세요. 교회는 얼마나 높은 위치에 있나요?

📖 성경 스터디

7 그렇다면, 믿음의 가정은 얼마나 높은 위치에 있나요?

8 에베소서 2장 전체를 읽어 보세요. 2장에서 '교회의 운영 방식'은 어떻게 표현되고 있습니까?

9 그렇다면, 우리 가정의 '운영 방식'은 어떠해야 합니까?

⑩ 1부에서 배웠던 에베소서 2장 21-22절을 다시 적어 보세요. '공사장' 작업의 목표가 무엇이었나요?

⑪ 에베소서 2장 20절을 찾아 적어 보세요. 공사장의 모퉁잇돌은 누구입니까?

⑫ 그렇다면, 우리 가정도 무너지지 않기 위해, 기초가 되어 주시는 분은 누구입니까?

📖 성경 스터디

13 에베소서 2장 14-18절을 적어 보세요. 교회가 하나로 연합하기 위해, 누가 어떤 일을 해주었나요?

14 그렇다면, 부부가 하나로 연합되기 위해서는 어떻게 해야 하나요? 우리의 힘으로 할 수 있을까요?

15 십자가 사건이 우리 부부를 하나로 만드는 데 어떻게 기여했을까요? 3부에서 배웠던 연합의 내용을 떠올리며 답해 주세요.

⑯ 에베소서 3장에서 표현되는 교회의 역할을 설명해 주세요.

⑰ 에베소서 3장은 이 땅에서 하나님의 어떠함이 실현되는 현장이 교회임을 밝히고 있습니다. 교회를 표현하는 단어로 자주 쓰인 단어를 찾아 적어 주세요.

⑱ 에베소서 4장부터는 실천편입니다. 교회와 가정에게 격려하시는 명령들을 찾아 적어 보세요.

📖 성경 스터디

⑲ 에베소서 4장 11-16절을 보고, 교회의 지체들이 은사가 다양한 이유를 설명해 보세요.

⑳ 그렇다면, 우리 가정의 남편과 아내의 은사가 다양한 이유도 설명해보세요.

㉑ 에베소서 4장 16절을 찾아 적어 주세요. 각자 다른 은사를 가지고, 어떻게 가정을 섬겨야 할지 설명해 보세요.

㉒ 에베소서 4장 24절을 찾아 적어 주세요. '새 사람'의 의미를 책 본문에서 읽은 내용을 토대로 설명해 주세요.

㉓ 그렇다면, 우리 가정에서는 '새 사람'으로 살고 있는지, 에베소서 4장 25절- 5장 20절을 참고해서 점검해 주세요.

㉔ 에베소서 5장 21절-33절은 주례사에서 많이 나오는 남편과 아내의 역할에 대한 설명입니다. 앞에서 배웠던 교회와 가정의 유사성이 언급된 구절을 찾아 적어 주세요.

📖 성경 스터디

25 아내가 역할 모델로 삼아야 할 지침과 남편과 역할 모델로 삼아야 할 지침을 찾아 적어 주세요.

26 그렇다면, 남편은 지붕이고 아내가 기둥이라는 내용과 어떤 관련성이 있는지 찾아 주세요.

25 에베소서 6장 10절-20절을 읽고, 영적 전쟁을 어떻게 대비해야 하는지 전신갑주 6개를 찾아 적어 주세요.

💡 핵심정리

교회와 가정은 그 원리를 같이합니다. '그리스도'가 우리의 역할 모델입니다. 그리스도께서 교회를 위해 목숨을 내어 주신 것처럼, 남편도 아내에게 희생해야 합니다. 교회가 그리스도께 복종하는 것처럼 아내가 남편에게 순종해야 합니다. 배우자를 이와 같은 방식으로 섬기는 것은, 세상에서는 찾을 수 없는 논리입니다. 세상은 각 개인이 계약을 맺은 관점으로 결혼을 바라봅니다. 어느 한 사람도 절대적인 자아 부인을 하지 않습니다. 그러나 믿음의 가정은 '그리스도 안에서' 이 작업이 가능합니다. 남편과 아내의 역할을 예수님께 드리는 예배와 동일 선상에 두고 있습니다.

> 그러므로 교회가 그리스도에게 하듯 아내들도 범사에 자기 남편에게 복종할지니라 (엡5:23)

> 자기 아내를 사랑하는 자는 자기를 사랑하는 것이라 누구든지 언제나 자기 육체를 미워하지 않고 오직 양육하여 보호하기를 그리스도께서 교회에게 함과 같이 하나니 (엡5:29)

✎ 과 제

① Chapter 5. 1-2장을 읽고, 와닿은 문장과 그 이유를 적어 주세요.

✎ 과 제

❷ 나는 얼마나 아내를 예수님이 하신 것처럼 사랑하고 있나요? 나는 얼마
나 남편을 예수님처럼 존중하고 있나요? 우리 스스로의 힘으로 할 수
없다는 것을 인정하는 것부터 시작입니다. 나의 이기심과 오만한 마음
을 하나님 앞에 고백한 적이 있었나요? 하나님 앞에 회개 기도문을 적
어 보세요. 그리고 에베소서 4장 25절-5장 33절까지 내용 중에 한 구
절만 실천 사항으로 결단해 주세요.

10주

×

불태워
헌신

| 들어가며 |

Q 청소를 좋아하는 편인가요? 배우자는 어떤가요?
요리와 집안일에 대해서는 어떤가요?
집안이 풍성하게 가꾸어지려면, 어떤 노력이 필요한가요?

🫱 나눔

1 당신이 배우자한테 부정적인 언행을 준 것이 아닌데도, 배우자가 당신에 대한 불만이 멈추지 않는 경우가 있었나요? 죄는 해야 할 일을 하지 않는 '수동성'도 포함됩니다. 가정이 유지되기 위해서는 누군가 일정 분량의 노동을 해야 합니다. 이러한 구체적인 노동의 분량을 간과하고, 배우자에게 수고를 떠넘긴 것은 아닌지 나누어 주세요.

2 하나님 앞에 당신의 전부를 드리겠다고 고백한 적이 있었나요? 언제 어떤 기도를 드렸는지 궁금해요. 하나님 앞에 100퍼센트 헌신된 사람의 삶은 질적인 기쁨으로 채워집니다. 세상에서 알 수 없는 만족감이 넘칩니다. 현재 당신은 비율로 따졌을 때, 하나님 앞에 얼마나 헌신 되어 있나요? 그렇게 생각하는 근거는 무엇인가요? 구체적인 시간과 물질로 하나님께 헌신하고 있는 지점을 나누어 주세요.

나눔

③ 그렇다면 배우자에게는 어느 정도 비율로 헌신하고 있나요? 왜 그렇게 생각하나요?

④ 하나님에 대한 헌신은 선교사나 교역자만 하는 것이 아닙니다. 하나님이랑 썸만 타고 연애만 했던 것은 아닌지 점검해 보세요. 하나님과 결혼한 정도의 '헌신'을 결단한 적이 있는지 나누어 주세요.

⑤ 우리가 아내와 남편으로서 가정에 헌신하는 모든 과정은 하나님께 드려지는 헌신과 동일선상에 있음을 기억했으면 합니다. 그동안 하나님과 배우자에게 헌신하지 않은 영역은 전부 '나 자신'을 위한 이기심의 일종입니다. 나 자신을 위해 어떤 쾌락과 욕심을 놓지 못했는지 나누어 주세요. (예. 스마트폰 하는 시간, 여가를 즐기는 시간, 친구 만나는 시간 등)

⑥ 나는 배우자의 애정과 인정 욕구를 채워주기 위해 하루에 구체적으로 어떤 일을 실천하고 있습니까? '구체적'인 섬김이 없으면서 '사랑'을 말하고 있지는 않았나요? 이 책을 덮고, 집안일을 돕는 건 어떨까요?

7 당신은 배우자 외에 다른 것에 중독된 있는 부분이 있지는 않나요? 배우자에게 헌신하기보다 다른 경험이나 성취 등에 중독되고 있는 이유는 심리적 결핍에 의한 대용품이자 우상입니다. 이를 아는 것이 어떤 도움이 될까요.

8 우리 부부의 육체적 연합이 성스러운 예배가 되고 있습니까? 혹시 우리 가정에 '십 원짜리 바이러스'가 끼어들고 있는 것은 아닌지 점검해 봅시다.

(1) 부부 중 한 사람이 음란물을 보거나 19금 코미디, 웹소설 등을 즐기고 있는가?

(2) 다른 이성을 탐하거나 은밀한 상상을 즐기고 있는가?

(3) 배우자가 아닌 다른 이성에게 오해할 만한 접촉을 하거나 성적인 대화를 건네는가?

(4) 배우자가 아닌 다른 이성과 지나치게 가깝게 지내며 위로받기를 원하는가?

⑨ 음식은 정성을 들이고 시간을 투자할수록 고급스러운 요리가 됩니다. 하나님이 허락하신 부부만의 육체적 연합도 VIP급 호텔 식사와 같아야 한다고 생각합니다. 우리 부부의 연합을 위해 시간과 공간을 구별하고, 질서를 잘 지키고 있나요? 음식쓰레기처럼 가벼운 세상의 유혹을 따르고 있는 것은 없나요?

⑩ 우리 부부가 아름다운 예배를 드린다는 생각으로 서로에게 헌신하고 있나요? 육체적 헌신이 어렵게 느껴진다면, 다음 중 하나는 아닌지 점검해 봅시다.

(1) 배우자에게 정서적으로 헌신하지 않으면서 육체적으로만 헌신 되기를 바라는 것은 아닌가요?

(2) 배우자에게 받은 상처를 복수하고 싶은 마음이 있는 것은 아닌가요?

(3) 크고 작은 성적인 상처가 있나요?

(4) 배우자의 영혼과 육체를 진심으로 존중하고 성스럽게 여기고 있나요?

(5) 겉으로는 잘해주는 척하면서 속으로는 분노가 가득하거나 용서하지 못한 지점이 있는 것은 아닌가요?

(6) 배우자에게 맞추기보다는 섬김을 받기만을 요구하고 있는 것은 아닌가요?

⑪ 성적인 죄는 '나의 몸'에 짓는 죄라고 했습니다. 성적인 죄에 취약하다면 자기 자신과의 관계를 돌아보아야 합니다. 스스로를 존중하고 있습니까? 자신의 가치를 폄하하고 있지는 않나요? 지나친 열등감과 교만함도 문제가 될 수 있습니다. 당신의 경계선이 심각하게 훼손되어 있는 것은 아닌지 살펴 보세요. 주변 사람들을 거절하지 못하는 편인가요? 당신이 어떤 역할을 수행하지 않더라도, 당신 자신의 존재로 인해서 하나님 앞에 수용됨을 진실로 받아들이고 있나요? 당신의 마음속 아주 어두운 죄악들을 가감 없이 나눌 수 있는 사람이 있나요? 배우자에게도 가면을 쓰고 대하고 있지는 않나요? 당신이 스스로조차도 속이려는 시도는 성적인 죄의 취약함으로 이어집니다. 성적인 유혹이나 죄에 약하다면, 가면을 벗은 날 것의 만남이 꼭 필요합니다. 연약한 자기 자신을 솔직하게 오픈해 보세요. 어떤 추악한 죄라도 아래 공간에 남김 없이 적어 보는 게 도움이 될 겁니다. 한 명 이상에게 반드시 나누어 주세요. 배우자는 당신이 진실로 '깨끗하기를' 바랍니다. 하나님도 진실된 죄 고백을 가장 기뻐 받으십니다.

 **성경 스터디**

① <u>요일3:18절</u>을 찾아 적어 보세요.

② 위 구절에서 '행함'이라는 단어의 어원을 보면 노역, 행위, 수고, 일을 뜻합니다. 가정을 세우는 데에는 구체적인 노력과 헌신이 필요합니다. 나는 어떤 노동으로 가정을 섬기고 있나요?

③ 그렇다면 배우자에게는 어느 정도 비율로 헌신하고 있나요? 왜 그렇게 생각하나요?

④ 잠언4:8절을 찾아 적어 주세요.

⑤ 딤전 6:10절을 찾아 적어 주세요.

⑥ 돈에 관련된 '일만 악'에 대한 뉴스 기사를 찾은 후 느낀 점을 나누어
주세요.

⑦ 히브리서 13:5를 찾아 적어 주세요.

⑧ 돈과 '버림받는 두려움'이 어떻게 관련이 있을까요? 혹시 하나님이나
부모님께 버림받는 두려움이 있나요?

📖 성경 스터디

9 재정 문제로 인해 부부 간 갈등이 있었던 적이 있다면, 그 경험을 나누어 보세요. 위의 말씀들과 어떻게 연결이 되나요?

💡 핵심 정리

부부는 정서적, 육체적, 경제적, 일상생활에서 서로에게 헌신하는 관계입니다. 이보다 부부 관계를 더 잘 표현할 수 있을까요. 그러나 이렇게 헌신하는 사람을 찾기 어려워진 시대에 살고 있습니다. 당신은 누구에게 헌신하고 있습니까. 배우자에게 헌신할 때 하나님이 기뻐하십니다. 헌신하지 않는다면, 남아도는 잉여 에너지를 어디에 쓰고 있습니까. 대부분은 자기 자신을 위한 쾌락에 빠집니다. 헌신하는 사람은 아름답습니다. 헌신하는 사람은 얄팍한 쾌락이 아닌, 값진 기쁨의 보상을 깨달은 사람입니다.

우리의 바라던 것뿐 아니라 저희가 먼저 자신을 주께 드리고 또 하나님 뜻을 좇아 우리에게 주었도다 (고후8:5)

✎ 과 제

① Chapter 5. 3-5장을 읽고, 와닿은 문장과 그 이유를 적어 주세요.

✎ 과제

2 나는 얼마나 '경직된'(혹은 유연한) 사람인지 점수로 표현해 보세요.
그렇게 생각하는 이유와 사례를 나누어 보세요.

> **Tip** 배우자에게 물어보면 비교적 정확한 답을 알 수 있을 거예요. 헌신해야 하는 영역
> 에서 남녀 구분을 지나치게 경직되게 갖지 않는 것이 좋습니다.

✎ 과 제

③ 집안이 유지되기 위해 누군가는 반드시 헌신해야 하는 일상적인 영역을 목록으로 최대한 자세히 작성해 봅시다. 배우자도 똑같이 작성할 수 있도록 합니다. 둘의 목록을 보고, 누가 더 상세하게 적었는지 비교해 봅시다. 누가 더 많은 분량의 노동을 감당하고 있는지 살펴봅시다.

> 📑Tip 어련히 알아서 해주려니, 책임을 전가했던 부분이 있지는 않나요? 일의 목록을 정확하게 배분하는 것이 목표는 아닙니다. 다만, 집안이 돌아가기 위해 함께 헌신해야 하는 노동의 분량에 대해 상대가 어떤 수고를 하고 있는지는 반드시 인지해야합니다. 그래야 적절한 감사 표현이 나올 수 있습니다. 상대방은 나에게 '무조건적' 헌신을 베풀어야 마땅할 부모가 아니기 때문입니다. 다시 한번 말하지만, 노동에 대한 책임은 영적인 문제만큼 중요한 문제입니다.

11주

×

분노 굴뚝

(1)

| 들어가며 |

Q 집이 완성되었는데, 굴뚝(하수도나 배출구)이 없다면
어떤 문제가 일어날까요?

🤲 나눔

1 본문의 8가지 항목 중에서 우리 부부가 주로 갈등하는 영역은 어느 영역입니까?

2 가장 중요한 질문은 이것입니다. 위의 갈등 영역이 발생할 때마다, 누가 의사결정의 주도권을 가지고 있나요?

(1) 시간 관리

(2) 재정 관리

(3) 인간 관계

(4) 가사 노동 & 자녀 양육 분담

(5) 자녀 교육

(6) 스트레스 관리

(7) 일에 관한 가치관

(8) 신앙생활

③ 의견이 다를 때마다 서로 만족할 만한 합의를 끌어내고 있나요? 충분히 기도하며 하나님의 의견에 순종하기 위해 귀 기울이고 있나요? 아니면 대체로 싸움으로 번지나요? 특정 배우자가 대부분의 의견에서 타협 없이 고집을 부리고, 마지못해 수동적으로 따라가고 있나요? 우리 부부의 대화 방식을 나누어 주세요.

④ 우리 부부의 분노 처리 유형은 각각 어떠합니까?

⑤ 나의 분노 처리 방식이 원가족의 모습과 닮아 있는 점이 있나요? 닮아 있다면, 원가족과 독립되지 못한 지점은 어떤 지점인가요?

📖 성경 스터디

1 빌2:3-7절을 찾아 적어 보세요.

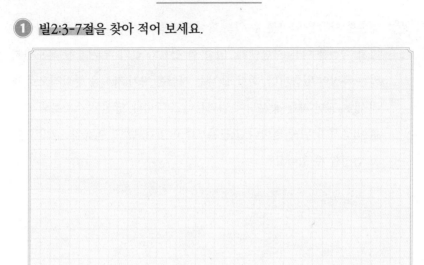

2 위 말씀에서 다툼과 허영에 대한 해결책으로 겸손한 마음을 가지라고 하고 있습니다. 부부싸움의 원인이 '내가 더 낫다,' 혹은 '나라면 그런 일을 결코 하지 않았을 것이다.' 라고 말하는 자세와 직결되어 있을 수 있습니다. 교만함이 다툼과 허영으로 발전한다고 성경이 말하고 있으니까요. 나 자신이 배우자보다 더 '낫다고' 여겨지는 부분이 솔직히 얼마나 있나요?

③ 겸손한 사람을 알아볼 수 있는 확실한 방법이 있습니다. 겸손한 사람은 자기 자신을 다른 사람에게 "입증"할 필요가 없기 때문에 잘 분노하지 않는 특징이 있습니다. 화를 잘 내는 사람은 자기 자신을 현실적으로 보지 않는 교만 때문에 분노에 걸려든다고 합니다. 당신은 스스로의 가치를 입증하기 위해 얼마나 고군분투하고 있나요? 그 이유가 '교만'이라고 인정할 수 있나요?

④ 당신 스스로에게 점수를 준다면 몇 점을 주고 싶나요? 왜 그렇게 생각하나요? 스스로 칭찬에 후한 편인가요, 박한 편인가요? 다른 사람의 시선에 민감한 편인가요? 완벽주의로 인해 스스로를 필요 이상으로 몰아붙이려는 성향이 있는지도 나누어 주세요.

⑤ 만약, 빈약한 자아상을 지니고 있다면, 건강한 자아상을 지닌 사람보다 자존심에 상처를 입기 쉽습니다. 다른 사람의 반응에 지나치게 휘둘리기 때문입니다. 자신의 감정과 약점을 정확하게 인지하고 파악하고 있나요. 당신의 약점에 지나치게 초점이 집중된 상태라면 분노하기 쉽습니다. 하나님 앞에서 당신의 건강한 자아상을 위해 기도문을 적어 보세요.

📖 성경 스터디

⑥ 있는 모습 그대로 사랑하시는 하나님 앞에 당신의 마음을 열어 놓는 기도문을 작성해 봅시다. 그럴싸하고 멋진 기도문이 아닐수록 더 효과적일 것 같아요.

💡 핵심정리

분노를 다루는 데에는 지혜가 필요합니다. 너무 분출해서도 안 되고 너무 억압해서도 안 됩니다. 분노를 정확하게 인식하되, 재빠르게 처리해야 합니다. 이는 가정의 건강과 직결됩니다.

> 🖋 내 사랑하는 형제들아 너희가 알거니와 사람마다 듣기는 속히 하고 말하기는 더디 하며 성내기도 더디 하라 (약1:19)

✎ 과제

① Chapter 6. 1-2장을 읽고, 와닿은 문장과 그 이유를 적어 주세요.

✏️ 과제

② 분노와 이기심은 아주 친한 사이입니다. 분노는 반드시 '남 탓'으로 시작해서 '남 탓'으로 끝납니다. 배우자 상대방보다 나 스스로를 성찰하는 시간은 얼마나 보내고 있나요? 나는 '남 탓'이 많은 사람인지, '내 탓'이 많은 사람인지 생각해 보고, 왜 그렇게 생각하는지 사례를 들어 적어 주세요.

✎ 과제

❸ 분노에 관한 성경 구절을 찾아 5구절 이상 적어 주세요.

[Tip] 특히 하나님이 분노하신 구절은 성경에 엄청 많이 나옵니다. 분노하시는 하나님, 분노를 다루시는 하나님에 대해서 묵상해 보세요.

....

....

....

....

....

....

....

....

....

....

....

....

....

....

12주

✕

분노 굴뚝
(2)

| 들어가며 |

Q 십자가가 세워진 집과 아닌 집의
가장 큰 차이점은 무엇일까요?

🤲 나눔

1 '분노 굴뚝'을 준비했습니다. 그동안 당신의 배우자와의 관계에서 힘들었던 부분, 상처 받은 말과 행동, 마음 속에 담아 둔 이야기를 가득 채워 적어 보세요. 눈에 보이는 치유의 작업입니다. 아주 상세하고 빼곡하게 적을수록 효과가 더 좋아요!!!!

📝Tip 아무도 이 종이는 보지 않을 겁니다. 하나님만 들으신다고 생각하시고, 실컷 고자질하는 시간을 보내세요! 여기서는 착한 척 거룩한 척하지 않으시는 게 필수 덕목입니다.

🤲 나눔

2 이제 앞서 썼던 이야기를 당신의 마음에서 배출해서 버릴 수 있나요? 용서할 마음이 있다면, 실제로 장부가 적힌 이 종이를 잘라서 쓰레기 통에 버리는 작업을 해봅시다.

📖 Tip 이 작업만으로 가슴 후련해지는 것을 경험하실 수 있을 거예요. 반드시 직접 종이를 찢어서 쓰레기통에 버려 주세요!! 가스레인지 불에 태우셔도 됩니다!! 불조심만 해주시고요!! 어떠신가요? 시원해 셨나요? 배우자뿐만 아니라, 가까운 관계에서 우리에게는 언제나 '분노 굴뚝'이 필요합니다. 억압하거나 표출하는 것은 늘 '잔재'가 남아요. 하나님 앞에서 자주 이렇게 〈분노 굴뚝 기도〉를 드려 보세요!! 당신 영혼의 건강과, 당부부의 관계의 질이 바로 여기에 달려 있습니다.

1 <u>마태복음 18장</u>에는 그 유명한 '용서할 줄 모르는 종'의 비유가 있습니다. 왕에게 만 달란트(=6천만 데나리온)를 빚진 자가 임금의 은혜로 용서를 받습니다. 그런데 그 종이 자신에게 고작 100 데나리온(만 달란트의 6십만 분의 1)을 빚진 동료를 만나 흥분하며 멱살을 잡고 빚을 갚으라고 요구하고, 곧바로 감옥에 가두죠. 이 소식을 들은 임금은 극도로 분노합니다.

"내가 너를 긍휼히 여겨 주었는데, 너도 다른 사람에게 같은 방식으로 대해 주어야 하는 것 아니냐?" 주인의 논리는 이렇습니다. 결국 탕감해 준 행동을 취소하고, 만 달란트의 빚을 갚을 때까지 옥에 가둬버립니다. 형제를 용서하지 않는 자들에게 하나님께서도 이런 방식으로 대하실 것이라고 말씀하십니다.

당신의 배우자를 진심으로 용서할 수 있겠습니까?

② 주기도문에도 나옵니다. 우리가 다른 사람의 죄를 용서해 준 것처럼, 우리의 잘못도 용서해 달라는 기도문입니다. 배우자를 용서하지 않는다면, 우리도 무의식적인 죄책에서 자유로울 수 없을 것입니다. 용서하지 않았을 때 나타나는 영적인 증상에 대해 나누어 주세요.

예) 다른 인간관계에서도 어려움이 생겼다, 숨이 막힐 듯 답답했다, 하나님과의 관계에서 평안을 잃어버렸다, 어둡고 우울해졌다.

📖 성경 스터디

3 우리는 용서를 자주 실천하는 가정인가요? 용서하지 않을 때 온 신경이 막혀버리는 듯한 답답함을 느낀 적이 있었나요? 용서한 후 하나님 안에서 진정한 평안과 자유를 느낀 적은 언제였나요? 하나님이 나를 용서해 주신 간증을 나누어 주세요. 또 예수님께 값없이 용서 받았던 간증도 나누어 주세요. 어떤 느낌이었나요?

④ 하나님께 마음을 연 사람은 다른 사람에게도 마음을 열 수 있는 능력이 생깁니다. 하나님께 진정으로 마음을 연 사람은 배우자에게도 계속 마음을 닫을 수 없습니다. 인정할 수 있습니까? 의사소통의 통로가 가장 먼저 하나님께로 열려 있는지를 확인해 보세요.* 하나님께도 분노하고 마음이 얼어 있는 상황이라면, 그 이유는 무엇일까요. 하나님은 율법적으로 우리를 대하지 않습니다. 진실로요. 그렇다면, 예수님의 피가 헛것이었을 거예요. 세상 가장 솔직한 기도의 예배를 하나님께 드려보세요.

---

* 결혼, 날마다 새로운 헌신 340p

📖 성경 스터디

5 결혼 생활은 부모를 떠나는 과정, 배우자와 합하는 과정, 한 몸이 되는 과정이 아주 구체적으로 존재합니다. 우리 부부는 지금 어떤 공사장 보수 작업 중인가요? 평생 계속될 공사장 작업에서 때로는 넘어질지라도, 하나님의 칭찬만을 바라며 헌신하기로 결단하시나요?

6 지금까지 우리의 결혼 생활을 하나님은 어떤 시선으로 바라보셨을 까요? 이 책을 마치며 하나님 앞에 솔직한 감정과 고백을 드리는 기 도 시간을 가져봅시다.

(마지막으로 아직도 용서하지 못한 마음이나 회개하지 않은 마음도 솔직하게 말씀드 리며 하나님의 도움을 구해 보아요.)

💡 핵심 정리

하나님 앞에 빚진 나를 어떻게 용서해 주셨는지를 기억하고 있나요? 십자가는 나를 용서하기 위한 하나님의 처절한 아픔입니다. 당신이 배우자를 용서할 때 도, 십자가를 지는 것과 같은 고통이 있다는 것을, 우리 예수님이 가장 잘 이해 해 주십니다. 용서를 많이 베풀수록, 그 사람의 그릇은 넓어집니다. 용서를 많이 베풀수록, 우리도 더 많이 용서받습니다. 용서를 많이 베풀수록, 예수님을 꼭 빼 닮습니다.

🖋 너희가 사람의 과실을 용서하면 너희 천부께서도 너희 과실을 용서하시려 니와 (마6:14)

✏️ 과제

① Chapter 6. 3-5장을 읽고, 와닿은 문장과 그 이유를 적어 주세요.

✎ 과제

② 마지막 과제는 '집 꾸미기' 입니다. 그동안 배운 내용을 기억하며, 집을 완성해 보세요. 책 마지막 장에 스티커가 첨부되어 있습니다. 하나님이 세우실 가정을 기대하며 집을 꾸며 보셔요. (가위로 오리시면 됩니다! 예쁘게 꾸민 집은, 인스타그램에 제 계정을 #태그 해서 올려 주세요. 집을 꾸미면서 어떤 생각이 드셨는지 소감도 함께 남겨 주세요. 믿음의 가정을 응원해 드리고 싶어요! :))

너무 수고하셨어요.:)

드디어 우리 부부만의 보금자리가 완성되었습니다!

이제 투박한 공사장 작업복을 벗어 볼까요?

하나님이 다시금 우리 부부에게

턱시도와 웨딩드레스를 입혀 주십니다 !

가정 같은 교회, 교회 같은 가정은

자유와 기쁨, 영광과 찬송,

몫과 재물, 정의와 언약,

보상과 자손의 축복이

풍성하게 채워집니다.

우리 가정은 하나님의 영광을 위해 하나님이 친히 세우십니다 !

아멘 아멘 아멘.

내가 여호와로 말미암아 크게 기뻐하며

내 영혼이 나의 하나님으로 말미암아 즐거워하리니

이는 그가 구원의 옷을 내게 입히시며

공의의 겉옷을 내게 더하심이

신랑이 사모를 쓰며 신부가 자기 보석으로 단장함 같게 하셨음이라

(사61:10)